Le mendiant et le milliardaire

Benoît Saint Girons

Le mendiant
et
le milliardaire

Conte philosophique

jouvence
ÉDITIONS

Extrait du catalogue Jouvence

Ressources, Rosette Poletti & Barbara Dobbs, 2006
Promesses et pièges du développement personnel, Susan Dane, 2006
Réconcilier sagesse et société, Alain Chevillat, 2006
Vertus du polyamour, Yves-Alexandre Thalmann, 2006
Découvrez vos talents, Xavier Cornette de Saint Cyr, 2006
Je m'autorise au bonheur !, Christian Bourrit, 2006
Apprenez à écouter, Christel Petitcollin, 2006
Petite philosophie du bonheur pour temps de crise, Candide Moix, 2006
Petits exercices de méditation, Erwin Ingold, 2006
Le Soutra du cœur, Tsai Chih Chung, 2006
Le message de Confucius, Tsai Chih Chung, 2006
De la thérapie de l'ego à la quête de l'âme, Joy Manné, 2005
Au diable la culpabilité !, Yves-Alexandre Thalmann, 2005
Être en pleine conscience, Osho, 2005
Le choix de la deuxième chance, Corinne Maurig, 2004
Marche et méditation, Pierre-Yves Brissiaud, 2004
L'empathie, le pouvoir de l'accueil, J.-Ph. Faure & C. Girardet, 2003
Les mots sont des fenêtres (ou des murs), Marshall B. Rosenberg, 1999
Les quatre accords toltèques, Don Miguel Ruiz, 1999
Aucune rencontre n'arrive par hasard, Kay Pollak, 1998

Catalogue gratuit sur simple demande.

Éditions Jouvence
Suisse : CP 184, 1233 Genève-Bernex
France : BP 90107, 74161 St-Julien-en-Genevois Cedex
Site internet : **www.editions-jouvence.com**
E-mail : info@editions-jouvence.com

Maquette couverture : Dynamic 19, Thonon-les-Bains (74)

ISBN 978-2-88353-554-1

Qui ne peut voir un autre monde est aveugle.
Qui ne sait dire un mot gentil quand il faut est muet.
Qui est tourmenté par un trop grand désir est pauvre.
Celui dont le cœur est content est riche.

SAGESSE HINDOUE

À Fencienne, Jade et Michaël.

LIVRE PREMIER

Le réveil

La course du soleil

Nous vous remercions pour votre candidature, mais votre profil ne correspond pas au poste à pourvoir.

La réponse était toujours la même : laconique et inhumaine. Comme si l'homme travaillait de profil ! Mais Samuel était lucide : sans expérience, il savait qu'il ne faisait pas le poids face aux exigences des employeurs. Difficile de faire comprendre à un département des ressources humaines que l'on a de l'ambition et de l'énergie à revendre ; que l'on est contorsionniste et tout à fait capable d'adapter son profil, son envers et son endroit au moule de l'entreprise. *Je leur souhaite bonne chance,* se dit-il. *Pour ma part, c'est un département des richesses humaines que je recherche...*

Samuel était jeune. À cet âge, il était encore assez naturel de prendre les contrariétés professionnelles avec grâce et légèreté.

La pesanteur venait un peu plus tard, avec les responsabilités et les obligations, au contact de trop de gris.

Évidemment, il n'y avait aucune fatalité et certains adultes arrivaient à prolonger la souplesse et l'optimisme de l'enfance. Ces gens-là figuraient parmi les plus heureux du monde. Son père en avait fait partie.

« Trop d'hommes masquent le soleil de leurs nuages mais, si tu fais l'effort d'aller à sa rencontre, la lumière sera toujours là pour toi. Pense au tournesol et n'oublie pas de te tourner vers le soleil. » Voilà le genre de phrases qu'aimait lui répéter son père. Le genre de phrases qu'il n'entendrait plus.

Saloperie de camion !

Son père était mort et avec lui ce qu'il lui restait de famille. À 18 ans, il s'était retrouvé seul, en tête à tête avec sa douleur, ses problèmes et ses ressentiments. Durant un moment, le soleil eut du mal à percer.

Mais le temps continua sa course et le printemps succéda naturellement à l'hiver. La sève retrouva le chemin de ses veines et y insuffla l'énergie nécessaire à la floraison d'un nouvel optimisme. C'est alors qu'il prit sa décision : il allait gagner la ville. La nostalgie occupait trop de place dans la silencieuse maison familiale. La capitale offrirait en outre un meilleur terrain de jeu pour ses ambitions.

Évidemment, il se doutait bien que ce ne serait pas facile. En ville, des talents d'acrobate n'étaient pas de trop pour arriver à suivre le soleil ; un esprit de clown, pour relativiser ses mésaventures ; le sens de l'équilibre, surtout, pour s'accrocher et ne pas tomber...

Du coup, Samuel avait beau se réveiller chaque matin en n'ayant rien de particulier à faire, il se couchait toujours en ayant fait plus du double. C'est au prix de ces efforts qu'il finirait, pensait-il, par s'imposer. Ce n'était qu'une question d'heures ou de jours. Le monde du travail serait bientôt prêt pour son numéro.

Il était toutefois loin de se douter des circonstances de cet accueil. D'ailleurs, s'il avait su ce qui l'attendait en cette belle journée de printemps, il n'est pas impossible qu'il eût préféré, pour une fois, faire la grasse matinée…

Le naufrage

À l'autre extrémité de la ville, Jean-Jacques pestait intérieurement : son bain était à nouveau trop chaud. Il se promit d'en faire la remarque à Antoine, son nouveau majordome. Son service était irréprochable, sa cuisine excellente et sa discrétion sans faille, mais il n'arrivait décidément pas à préparer les bains. *Il n'aimait pas l'eau ou quoi ?*

Jean-Jacques ne se faisait guère d'illusion sur les sentiments de ses employés à son égard. Seul l'argent les réunissait. L'argent qui, s'il ne pouvait acheter l'amour, pouvait au moins acheter un service de qualité et un semblant de respect. Et le respect pour sa personne se manifestait, à l'heure de son réveil, par un bain à la bonne température !

Il se cala au fond de sa baignoire en marbre blanc et ferma les yeux. Il avait mal dormi. Ses somnifères faisaient de moins en moins d'effet. Son médecin lui avait expliqué le phénomène d'accoutumance : l'*humanum corpus* s'habituait à tout, même à l'artificiel. Surtout à l'artificiel. Il fallait toujours augmenter les doses. Mais Jean-Jacques préférait mal dormir plutôt que de sombrer dans la dépendance aux médicaments : le tabac lui donnait déjà suffisamment de soucis.

Il essuya les perles de sueur sur son visage légèrement bouffi et tira sur sa première cigarette. Bon sang qu'il était fatigué ! Il en avait marre, tout simplement. Marre du train-train quotidien. Marre de ses habitudes. Marre de cette vie passée dans l'oisiveté à gérer l'argent de ses parents. *Est-ce cela la crise de la quarantaine ?* se demanda-t-il. *Pour une fois, je serais en avance !* Il avait 39 ans et qu'est-ce qu'il avait fait ? Il avait fait « fils à parents ».

Il était né pour jouir, alors il avait joui. Ses parents n'avaient jamais rien pu lui refuser. Ils n'avaient jamais osé lui dire « non ». Lui, le fils-unique-héritier-glorieux-de-la-lignée-familiale-et-du-conglomérat-Trouville, avait toujours tout obtenu tout de suite. L'attente lui était inconnue. L'imagination absente. L'envie refusée. Caprices après caprices, ses parents avaient toujours cédé.

Toujours, à une notable exception près : il y avait eu cette fille, rencontrée lorsqu'il avait 16 ans, qui l'avait initié aux joies de l'amour mais s'était retrouvée enceinte. Ses parents avaient usé de tous leurs moyens et relations – les deux étant considérables – pour éloigner la fille et étouffer l'affaire. Jean-Jacques n'en entendit plus jamais parler mais cessa, à partir de cet instant, de communiquer avec ses géniteurs. Il y avait des choses que l'on ne pouvait pas pardonner !

Du coup, Jean-Jacques se désintéressa aussi des affaires familiales. Il laissait à ses financiers le soin exclusif de s'en occuper, se contentant de les remercier lorsqu'ils lui annonçaient, une fois par an, la progression de son capital et de leurs honoraires.

Il termina sa cigarette et entreprit de sortir de la baignoire, mais il eut du mal à stabiliser sa position. Sa tête tournait. Son esprit était embué, à l'instar du gigantesque miroir qui lui renvoyait une image imprécise de son corps. Cela au moins lui évitait la honte de s'observer nu. Le flou le protégeait des attaques de son amour-propre. Lui qui, dans une autre incarnation, avait été si musclé !

Si Hélène me voyait... Elle a décidément choisi le bon moment pour partir. Le bateau coule, la chatte quitte le navire...

Ils s'étaient séparés il y avait près de six mois, mais il revoyait la scène comme si c'était hier. Il se l'était souvent rejouée. Elle était courte. Un simple dialogue :

— J'en ai marre, disait-elle.

— Eh bien, barre-toi, répondait-il.

Elle était partie. Classique.

Mais elle n'était pas revenue et, pour le coup, Jean-Jacques s'en trouva bien marri : c'était la première fois. Il ne comprit pas : qu'avait-il donc fait cette fois-ci de si terrible ? De son point de vue, rien... rien du tout. Mais c'était peut-être cela le problème...

Durant un temps, il avait épanché sa solitude en compagnie des poules de luxe. Elles étaient faites pour ça. Mais, depuis quelque temps, même ses copulations tarifées ne lui donnaient plus satisfaction. Hélène lui manquait, point barre.

Le bateau coule *parce que* la chatte quitte le navire...

Une étrange bibliothécaire

Comme tous les matins quand il n'avait pas de rendez-vous, Samuel se rendit à la bibliothèque. Il y épluchait les offres d'emploi, les journaux et les magazines, à la recherche de tendances et d'idées. La ville fournissait des stimuli en abondance : informations, activités, bruits et mouvements en continu ; vingt mégabits d'informations bombardaient le cerveau humain chaque seconde. Pour se déployer, les idées nécessitaient ainsi que l'on fasse le tri, que l'homme leur libère de l'espace. C'était l'un des rares avantages de sa situation : sans contrainte professionnelle ou sentimentale, il avait le temps pour soi et pour sa réflexion. En un sens, c'est parce qu'il n'avait pas de pétrole qu'il pouvait encore se permettre d'avoir des idées.

Il nota quelques réflexions dans son carnet : *services de proximité, stress, manque de temps, bien-être...* Depuis quelque temps, les magazines déclinaient cette notion de bien-être à toutes les sauces. Bien-être dans son assiette, dans son lit, dans l'eau, dans l'air, allongé, debout, au travail ou en position du lotus. Se sentir bien était à la mode. Insidieusement, cela semblait même être devenu une nécessité.

Sa revue de presse terminée, Samuel se dirigea vers le rayon « Développement personnel ». Il aimait ces livres. Il y puisait la motivation pour aller de l'avant, la force de se projeter dans le futur, les techniques pour – plus tard – réaliser ses rêves. Tout était toujours possible dans le monde merveilleux du développement personnel. Il s'y évadait comme il s'évadait jadis sur les genoux de sa maman, à l'écoute des contes de fées.

Il avait déjà lu la plupart des best-sellers mais la bibliothèque, au service de son public, complétait régulièrement sa collection.

Non, rien de nouveau aujourd'hui sous les néons ! Il y avait bien quelques vieux livres, mais comment savoir ce qu'ils valaient ? Avait-il du temps à perdre pour dénicher une hypothétique pépite ?

— Puis-je vous renseigner, jeune homme ?

Il ne l'avait pas entendue arriver, mais cette bibliothécaire tombait bien. Évidemment, à la réflexion, il aurait dû se méfier : depuis le temps qu'il venait, c'est la première fois qu'il la voyait...

— Peut-être, oui, répondit-il. Voilà, j'ai déjà lu plusieurs de ces livres mais je me demandais s'il y en avait d'autres ?

— D'autres livres ? Oui, je crois bien qu'il en existe quelques autres, dit la bibliothécaire avec un petit sourire ironique. Mais peut-être pourriez-vous me dire ce que vous recherchez ? Cela augmentera vos chances de le trouver...

Elle se fout de moi, pensa Samuel, *mais elle n'avait pas tort : que recherchait-il exactement dans ces bouquins ? La richesse ? Le bien-être ? Les applaudissements du public ? Ou simplement des idées supplémentaires ?*

— Je vous ai posé la question la plus difficile qui soit, reprit la bibliothécaire. Prenez tout votre temps pour y répondre.

— Mais justement, répliqua Samuel, je n'ai pas tout mon temps !

— Mais si, vous l'avez. Vous vivez simplement dans l'illusion de la vitesse et de la performance.

— Que voulez-vous dire ?

— Quel intérêt de vivre sans prendre le temps de vivre ? Dans quelle direction allez-vous, jeune homme, et surtout, pourquoi y courez-vous ?

— J'imagine que j'agis par mimétisme. Tout va tellement vite ! Un proverbe japonais dit qu'il est impossible de rester immobile dans le monde des hommes...

— D'accord, mais pourquoi courir tous dans le même sens ? Pourquoi fréquenter toujours les mêmes rayons ? Avez-vous déjà envisagé la philosophie ? Il y existe quantité d'ouvrages susceptibles de répondre à vos questions. *Propos sur le bonheur* d'Alain, par exemple.

— Est-il disponible ?

— Oui, vous avez de la chance. Le rayon « Philosophie » se trouve juste derrière. Allez-y !

Elle avait dit cela sur un tel ton – un subtil mélange de douceur et d'autorité – que Samuel se mit machinalement en marche. Ce n'est que deux rangées d'étagères plus loin, lorsque les vibrations de la voix cessèrent de résonner dans son esprit, qu'il se rappela à quel point il abhorrait la philosophie. *Allez, un rapide coup d'œil et je m'en vais... Je ne suis pas venu ici pour ridiculiser mes neurones.*

Il constata avec surprise qu'il n'était apparemment pas le seul à penser ainsi : le rayon n'occupait même pas l'équivalent d'une étagère et à peine quelques livres étaient sortis. *Je comprends pourquoi la bibliothécaire en est réduite à jouer les rabatteuses !* Il est vrai que la philosophie cumulait les tares : ses idées n'étaient pas prédigérées, ses couvertures sobres, son influence médiatique limitée, ses partisans discrets et ses principes considérés comme désuets. Enfin, le pire : elle nécessitait de réfléchir. Non, vraiment, la philosophie n'était pas raisonnable !

Samuel prit le livre d'Alain et le feuilleta jusqu'au premier chapitre. Le titre le stoppa net : « Bucéphale ». *C'est bien ce que je craignais. Qu'est-ce que c'est que cette bestiole ?* De toute évidence, les philosophes étaient comme les intellectuels de Pierre Perret : rassurés lorsqu'ils n'étaient pas compris. Il n'était pas d'humeur à « bucéphaler » : il referma le livre et se dirigea discrètement vers la sortie.

— Vous n'avez pas trouvé le livre ?

Zut, elle l'avait repéré ! N'avait-elle donc rien d'autre à faire que de le surveiller ? Il en était quitte pour une petite séance d'humiliation. Il se sentait incapable de mentir à cette femme. Elle l'aurait aussitôt démasqué. Il ravala sa fierté et répondit :

— Si, mais il m'a semblé vraiment trop compliqué. Déjà, le titre du premier chapitre...

— Bucéphale ? Mais c'est le nom du cheval d'Alexandre ! C'est une histoire amusante : personne n'arrivait à chevaucher ce terrible animal. Alexandre se rendit compte qu'il avait peur de sa propre ombre et, en maintenant sa tête vers le soleil, arriva à le dompter. Comme quoi, si nous nous arrêtons à notre première impression, nous ne pourrons jamais aller bien loin...

— Règle qui s'applique sans doute à mon préjugé vis-à-vis de la philosophie...

— Que voulez-vous, tout le monde n'a pas eu la chance d'avoir Alain comme professeur !

— Comme vous ?

— Ai-je l'air si vieille que ça ? Non, j'ai simplement rencontré il y a quelques années un homme qui m'a fait aimer la philosophie et les idées. Un livre comme celui d'Alain est précieux car il est vivant. Si vous voulez, nous pouvons en discuter.

— Vous avez le temps ?

— Mais bien sûr que j'ai le temps ! Comment sinon ne pas le perdre ? Comprenez-le bien, jeune homme, la vie ne donne du temps que si nous lui en donnons au préalable. Comment dénicher le livre qui transformera votre vie si vous ne prenez pas le temps de déambuler entre les rayons, puis entre les pages ?

— Il faut croire que je suis trop impatient, dit Samuel avec un soupir.

— *« Ne dites jamais que les hommes sont méchants ; ne dites jamais qu'ils ont tel caractère. Cherchez l'épingle. »*[1]

— Épingle ? Quelle épingle ?

— Le pourquoi du trouble : pourquoi le cheval est-il nerveux ? Pourquoi cet homme se comporte-t-il mal ? Pourquoi sommes-nous donc tous si pressés ? Vous, par exemple, pourquoi vous intéressez-vous tant au développement personnel ? Est-ce parce que vous êtes tellement heureux ou pour combler un manque ?

Samuel dut admettre que c'était surtout ce second motif. Devant l'insistance de la quinquagénaire, il lui expliqua qu'il était sans travail et peinait à en trouver. Il lui raconta la disparition de ses parents, son année difficile, son logement sous les toits, sa volonté de s'en sortir…

— Et vous pensez que ce type de livres peut vous aider ?

— Mais bien sûr ! Comme on dit, on n'a jamais une seconde chance de faire une première bonne impression. Il me faut devenir le meilleur afin d'impressionner les employeurs !

— Vive la loi de la jungle et tant pis pour les autres, c'est cela ?

Elle avait asséné ces mots avec un tel mépris que Samuel regretta aussitôt d'avoir baissé la garde. Il s'était dévoilé à une inconnue dans l'espoir qu'elle l'aide à trouver du travail et voilà qu'elle le rembarrait ! Que savait-elle de la jungle, cette rate de bibliothèque, enfermée toute la journée à l'abri des aigles et des coups de soleil ? Il envisagea de partir mais finit par répondre, avec une colère contenue :

— Non, mais à chacun de prendre ses responsabilités !

1. Alain, *Propos sur le bonheur*, Gallimard (Folio Essais), 2004, p. 13.

Elle perçut son trouble. Qu'est-ce qu'il lui avait pris ? Il était bien trop tôt pour le brusquer ainsi. Et puis était-ce la faute des jeunes s'ils étaient conditionnés ? Heureusement, celui-là était capable de se contrôler. Et il respectait les autres. Oh oui, il n'y avait aucun doute là-dessus !

— Je vous prie de m'excuser, reprit la bibliothécaire, je ne voulais pas vous blesser.

— Et je ne voulais pas vous donner une mauvaise impression : je ne méprise pas les autres.

— Oui, je sais. Quelqu'un qui lit ce que vous lisez ne peut pas se moquer des autres.

— Comment ? Vous surveillez mes lectures ?

— Disons que je m'intéresse à ceux qui s'intéressent à certains ouvrages. Surtout lorsqu'ils les cumulent. Venez avec moi, jeune homme, j'ai quelque chose à vous montrer...

Bluffé par tant d'aplomb, Samuel se leva et la suivit. Il se dégageait de cette femme un charisme et une assurance assez extraordinaires. Sa vitalité semblait inversement proportionnelle à sa taille. Et puis il y avait ses yeux. Des yeux de chouette, fantastiques, profonds de connaissances, lumineux d'intelligence, et dont l'éclat faisait instantanément perdre pied.

Ils sortirent de la bibliothèque et marchèrent cinq minutes jusqu'à un petit immeuble. Une annexe ? Aucune plaque sur la façade ne l'indiquait. Cela intrigua Samuel :

— Où allons-nous ?

— Mais consulter le livre que vous recherchez, bien sûr ! Vous n'imaginez tout de même pas que nous pouvons l'exposer aux yeux et aux mains du grand public...

Tout au fond

Jean-Jacques sortit précipitamment de chez lui. Un coup de téléphone. On venait tout juste de découvrir Hélène. Sans vie. La police optait pour un suicide. Une note, trouvée à proximité du corps, faisait allusion à la passivité de son mari.

Anéanti, Jean-Jacques se réfugia sur la route. Il aimait conduire : la liberté d'accélérer pour dépasser les problèmes, d'enchaîner les virages, de suivre les contours de la chaussée… Tout cela lui procurait le sentiment de puissance et de contrôle dont il n'arrivait pas à animer sa vie. Confortablement assis derrière son volant de cuir, les sens à l'affût et Chopin comme compagnon, c'est sur la route qu'il avait enfin l'impression de vivre.

En tout cas habituellement. Car en cette sombre matinée, ses pensées avaient du mal à décoller de l'asphalte. Hélène ne lui sourirait plus. Plus jamais. Le concerto prenait des allures de requiem.

Il fut tiré de son cauchemar par le klaxon d'un véhicule déboulant sur sa gauche : il n'avait pas respecté la priorité au rond-point. *T'avais qu'à pas aller aussi vite, connard !* Cette pointe de vulgarité l'apaisa. Il avait besoin d'exutoires. De toute façon, seul le pianiste pouvait l'entendre et ce dernier était trop occupé à sa marche funèbre. *Est-il possible d'insulter en musique ?* se demanda Jean-Jacques. *Est-ce cela la fausse note ?* Sans doute pas, car un musicien vulgaire se ferait surtout du tort à lui-même…

À force de tourner en rond, il finit par se retrouver chez lui. Son majordome l'accueillit, l'air soulagé :

— Monsieur, j'ai appris la nouvelle. C'est affreux… J'ai essayé de vous joindre mais personne ne répondait. J'ai craint le pire… Les parents de votre femme ont appelé. Je ne sais pas comment vous annoncer la chose, mais ils ne veulent pas vous voir. Ils sont encore sous le choc, vous comprenez.

— Laissez-moi tranquille, répondit Jean-Jacques en colère. Qu'on ne me dérange pas !

— Vous n'allez pas faire de sottises au moins ?

— Je n'ai pas réussi à en faire en voiture, alors il n'y a pas de raison que j'en fasse maintenant. Retournez à votre travail et occupez-vous des appels téléphoniques. Je ne veux voir ni entendre personne !

Jean-Jacques s'isola dans sa chambre et refusa d'en sortir. Antoine, aux petits soins, essaya tous les jours d'établir la communication. Il n'y parvint qu'au cinquième :

— Vous savez, Monsieur, quand ma femme est morte, j'ai moi aussi cru que je ne m'en remettrais pas. Et puis, petit à petit, la vie a repris le dessus…

— Comment est-elle morte ?

— Elle était très malade. Pour elle, la mort fut une vraie délivrance.

— Il y a longtemps ?

— Cela fera quinze ans la semaine prochaine.

— Et vous n'avez jamais envisagé de vous remarier ?

— Elle était la femme de ma vie. Je vis avec son souvenir… Elle est là, en permanence à mes côtés, à me soutenir dans les moments difficiles, à me sourire dans les moments de joie. Pourquoi souhaiterais-je en changer ?

— C'est une bien belle manière de voir les choses… Vous avez des enfants ?

— Un garçon et une fille. Ils sont grands maintenant et travaillent à l'étranger. Les enfants, c'est essentiel, vous savez : ce sont à la fois des sources de bonheur, de lâcher-prise et de générosité. Il faut se mettre à leur niveau et les encourager à nous dépasser, puis à nous quitter...

— Hélène en voulait mais je n'étais pas prêt. C'est peut-être pour cela qu'elle est partie. Si j'avais pu imaginer une seconde...

— C'est peut-être tentant mais vous ne pouvez pas, Monsieur, continuer à vous accuser du choix d'un autre. Cela n'améliore en rien la situation. « *S'il y a un remède, à quoi bon le mécontentement ? S'il n'y a pas de remède, à quoi bon le mécontentement ?* » conseillait Shantideva.[2]

— Mécontentement ? Il en a de bonnes votre Shanti machin ! Elle est morte, bon sang !

— Elle n'est plus ici mais peut-être est-elle ailleurs ? Peut-être n'a-t-elle fait que « *changer de résidence* », comme disait Socrate ? Dans tous les cas, vous, vous êtes vivant et je ne crois pas qu'il soit raisonnable pour un vivant de refuser la vie. Connaissez-vous, Monsieur, la doctrine taoïste ? Liezi relate cette histoire :

> La mort de son fils n'affligea nullement le Liangois Wu de la porte de l'Est.
> L'INTENDANT : Nul au monde n'aime son fils autant que vous aimiez le vôtre. Pourquoi n'êtes-vous pas affligé par sa mort?
> WU : Je n'ai plus de fils. Je n'étais pas affligé lorsque je n'avais pas de fils. Mon fils est mort. La situation est identique à celle où je n'avais pas de fils. Pourquoi serais-je affligé?[3]

2. Dalaï-Lama, *Guérir la violence*, Plon, 1998, p. 43.
3. Lie Tseu (Liezi), *Traité du vide parfait*, Albin Michel, 1997, p. 134.

— C’est bien beau, mais je ne crois pas que ce type de préceptes soit applicable à notre époque.

— Sans doute pas, non... Nous sommes davantage dans une logique de possession que de lâcher-prise... Cela mérite néanmoins réflexion, vous ne croyez pas ?

— Je ne sais pas. Je ne sais plus. Je n’arrête pas de voir son visage, de chercher ce que j’aurais pu faire... J’ai été un vrai salaud, vous savez. Elle a eu raison de me quitter !

— Avoir ses raisons ne signifie pas que l’on soit raisonnable. Vous savez ce que vous devriez faire, Monsieur ? Vous changer les idées ! Tenez, il y a justement en ville une exposition de clichés aériens de la Terre. Vous verrez, Monsieur, avec la bonne perspective, le monde peut être saisissant de beauté !

La loi de la jungle

— Qu’est-ce que c’est que cette histoire de livre ?

— Ne m’avez-vous pas demandé un conseil de lecture ?

— Oui, mais vous avez enchaîné sur des considérations existentielles, répondit Samuel d’un ton bourru.

— Vous m’en voulez de vous avoir surveillé, n’est-ce pas ? Je vous assure que c’est pour la bonne cause. Pour preuve, vous voilà ici. Croyez-moi, jeune homme, beaucoup de personnes payeraient cher pour être à votre place...

— J’accepte les chèques.

— Ne soyez donc pas si sarcastique et écoutez-moi attentivement. Vous ne devriez pas être là. J’ai outrepassé toutes les règles. Si je me suis trompée à votre sujet, cela pourrait me valoir quelques embêtements. Mais j'ai confiance en vous et je suis persuadée que vous ne me trahirez pas. Ai-je raison ?

— Je n'en sais rien et je commence à en avoir assez de vos énigmes...

— C'est votre droit. Vous avez donc le choix entre deux possibilités : soit vous partez et oubliez toute cette affaire – et je vous préviens que vous aurez intérêt à bien l'oublier – soit vous pénétrez avec moi dans cet immeuble et me laissez tout vous expliquer.

Le calcul auquel se livra Samuel ne dura qu'un dixième de seconde. Entre la routine et un semblant d'aventure, il n'y avait pas à tergiverser :

— C'est bon, allons-y !

— Ah, l'impulsivité de la jeunesse ! Je me dois toutefois de vous mettre en garde : si nous allons de l'avant, il n'y aura plus de retour en arrière possible. Ce que vous allez voir peut transformer votre vie.

— Cela tombe bien, je suis libre ce soir.

— C'est bien, l'humour vous sera précieux pour ce que vous vous apprêtez à vivre...

Ils pénétrèrent dans le hall. Aussitôt, un vigile se leva et s'approcha d'un pas rapide :

— Désolé, mais cet endroit est fermé au public !

— C'est bon, Robert, il est avec moi.

— Oh, bonjour Madame Persigny. Excusez-moi, je ne vous avais pas reconnue. Est-ce un nouveau *lecteur* ? Je sais que je ne devrais pas vous dire ça mais, tout de même, n'est-il pas un peu jeune ?

— Il a l'âge de ses expériences, Robert, et il a lu presque tous nos livres à la bibliothèque.

— Bon, dans ce cas... Évidemment, vous assumerez vos responsabilités...

— Comme d'habitude. Ne t'en fais pas, Robert, rien ne te sera reproché si jamais…

Si jamais quoi ? se demanda Samuel. Il avait une confiance raisonnable envers la bibliothécaire, mais la mine et la carrure de ce Robert n'étaient pas pour le rassurer. Et d'abord, où se trouvait-il donc ? Le hall ne présentait aucun signe distinctif, aucune plaque administrative, aucune trace de vie même. Une odeur de peinture fraîche flottait en outre dans l'atmosphère.

— Suivez-moi, dit la bibliothécaire.

C'était le moment ou jamais. S'il voulait retourner dans la rue, c'est maintenant qu'il fallait se décider. Avec son agilité, il pourrait facilement se dérober au tas de muscles… Mais ensuite, quoi ? Allait-il terminer sa vie en se traitant de lâche ?

— C'est par là, Monsieur, reprit le gardien sur un ton qui claqua comme un ordre, je m'occupe de la porte.

Trop tard ! Rambo ne le laisserait plus sortir avant d'en avoir reçu la permission. Il suivit donc la bibliothécaire jusqu'au troisième étage et pénétra dans une pièce quasiment vide, à l'exception d'une table en bois blanc, carrée, et de deux chaises de paille.

— Il faudra que vous me donniez le nom de votre décorateur, plaisanta Samuel, de plus en plus mal à l'aise.

— Nous aimons aller à l'essentiel. Asseyez-vous, je vous prie. Alors, que désirez-vous savoir ?

— Eh bien, pour commencer, pourquoi m'avez-vous espionné ?

— Un bien grand mot que celui-là ! Ne soyez donc pas aussi orgueilleux. Nous nous intéressons à vous, c'est tout : un jeune qui lit autant, cela ne passe pas inaperçu. Malheureusement, lire comme tout le monde n'a jamais donné que des esprits formatés.

— Vous préférez sans doute lire des auteurs inconnus dont personne n'a jamais entendu parler ?

— Je préfère penser librement et me fier à mon intuition. Je ne méprise ni les best-sellers ni les classiques, mais je me méfie du marketing, dans les livres comme dans la vie.

— C'est-à-dire ?

— Laissez-moi vous présenter notre vision du monde. Nous pensons que l'homme est bon et en bonne santé *par nature*. C'est le système qui le corrompt et en fait un être faible, malheureux et dégénéré.

— Vous avez oublié chômeur…

— Ne m'interrompez pas, je vous prie : le sujet est d'importance. Physiologiquement, nous vivons certes plus vieux mais dans quel état ! Jamais les maladies dégénératives n'ont fait autant de dégâts. Même des enfants sont affectés par le cancer, vous vous rendez compte ? Sans parler de la stérilité de nombreux couples, de la baisse générale du tonus, de l'obésité, des caries dentaires…

— Les caries ? Mais tout le monde a des caries, protesta Samuel.

— Est-ce une raison pour considérer cela comme normal ? Croyez-vous que la fonction de nos dents soit de procurer un revenu aux dentistes ? Comment expliquez-vous que des dents de nos ancêtres Cro-Magnon nous soient parvenues presque indemnes, alors qu'elles pourrissent désormais dans nos bouches ? Les dents seraient capables de résister à des milliers d'années d'actions corrosives, mais s'abîmeraient dans leur milieu naturel ?[4] Pourquoi ?

— Trop de sucres ?

---

4. Après avoir fait le tour du monde et rencontré les peuplades les plus diverses, le dentiste américain Weston Price (1870-1948) constata une règle de base : tant que ces peuplades restaient isolées et fidèles à leur régime alimentaire traditionnel, leurs dents étaient superbes. Dès qu'une route était construite et que la *civilisation* s'installait, la santé des indigènes commençait à s'altérer… (Dr Catherine Kousmine, *Soyez bien dans votre assiette jusqu'à 80 ans et plus*, Tchou, 1980.)

— Trop de système ! Notre alimentation à base de produits dénaturés et raffinés n'est simplement pas adaptée à notre organisme. Notre style de vie non plus, d'ailleurs. Nous assistons à une pandémie de mal-être comme jamais dans l'histoire de l'Occident. Cela ne vous semble pas bizarre, alors que nous n'avons jamais vécu aussi confortablement ?

— La vie est difficile…

— L'était-elle moins aux siècles passés ? Nous travaillons deux fois moins, avons plus d'argent, plus de nourriture, plus d'hygiène, plus de loisirs, plus de paix et pourtant, nous sommes stressés et détraqués comme jamais !

— Comment l'expliquez-vous ?

— Vous vous souvenez lorsque je vous ai rabroué tout à l'heure ? J'ai réagi vivement parce que vos propos reflétaient un schéma de pensée malheureusement trop courant de nos jours : devenir le meilleur afin de survivre à la loi de la jungle.

— Je ne vois pas ce qu'il y a de répréhensible à cela.

— La fantastique diversité biologique s'est probablement moins construite sur la sélection naturelle que sur la collaboration entre les espèces.[5] Regardez donc l'homme à sa naissance : complètement vulnérable ! Sans le soutien d'adultes, l'enfant n'aurait aucune chance de survivre, de même que sans la collaboration entre les hommes, l'humanité n'aurait jamais connu de progrès ou de civilisation. Comprenez-le bien, jeune homme, la véritable loi

---

5. Le mathématicien Peter Saunders a calculé que la sélection naturelle n'aurait pas permis de générer la fantastique diversité du vivant sur Terre et plaide pour un nouveau modèle évolutionniste : la coopération entre organismes. C'est aussi l'avis de Paul Nardon, de l'Institut national des sciences appliquées (Insa) de Lyon : « *Les organismes ont une tendance naturelle à s'associer […] la généralisation de la symbiose, au plan zoologique, amène à remettre en cause le concept d'individu. Ainsi, ce que nous appelons une vache ou un homme n'est qu'un conglomérat de plus de 300 espèces différentes !* » (Article de Patrick Jean-Baptiste, « *Faut-il brûler Darwin ?* », *Sciences et Avenir*, novembre 2004.) Cela rejoint ce que disait Gandhi : « *L'une des lois de la Nature est l'attraction universelle. C'est l'amour mutuel qui lui permet de vivre et de persister. Ce ne sont pas les forces de destruction qui font vivre l'homme.* »

naturelle de survie et de croissance n'est pas d'être au-dessus mais avec les autres ! Vous voulez vous développer ? Fort bien, mais posez-vous au préalable les questions suivantes : le faites-vous pour vous épanouir et gagner en liberté ou simplement pour surpasser les autres ? Votre démarche est-elle personnelle ou bien téléguidée par le système ? Il est évident que la loi de la jungle plaît aux puissants : soit j'y arrive et je deviens plus performant, plus riche et plus consommateur, soit je n'y arrive pas et je deviens alors frustré, mais tout autant consommateur afin d'oublier mes frustrations.

— Je pourrais aussi me révolter...

— Contre un système auquel je rêve inconsciemment de participer ? Regardez comme les marques sont vénérées dans les cités ! Voyez-vous, jeune homme, la nature a peut-être horreur du vide, mais le système en a fait son fonds de commerce : le mal-être, les complexes, les peurs et les frustrations sont incontestablement les moteurs de la consommation. Le système n'a aucun intérêt à vouloir notre bien-être car c'est lorsque nous sommes heureux que nous consommons le moins. À quoi me serviraient des gadgets si j'ai déjà l'essentiel ?

— Si je vous comprends bien, nous serions donc les victimes d'un gigantesque complot ?

— Ce serait trop beau et trop facile de rejeter ainsi la responsabilité sur les autres ! Le système est plutôt comme la pollution dont parle Hubert Reeves : non pas un gros problème mais six milliards de petits problèmes ! Évidemment, il ne sert pas à grand-chose de s'y attaquer frontalement. Suivant le principe de l'aïkido, il conviendrait plutôt d'utiliser son énergie afin de l'orienter dans une direction plus positive. Et l'énergie du système, c'est l'argent. C'est par l'argent que nous pouvons vaincre !

— Je serais bien curieux d'apprendre comment.

— Ça, c'est justement l'objet du livre...[6]

---

6. Voir aussi le site www.lemendiant.fr

L'exposition

Il fallut à Jean-Jacques deux jours de plus pour calmer sa douleur, mais il finit par sortir. C'était une belle journée d'automne et il décida de s'en aller à pied. Cela faisait des années qu'il n'avait pas pris le temps de flâner. L'homme moderne ne savait plus marcher. Il ne savait plus que rouler : en voiture, à moto, en roller ou en trottinette, la roue était l'accessoire des gens pressés, c'est-à-dire de tout le monde. Pourtant, seule la lenteur plaçait la ville à hauteur d'homme : c'est quand on ne se concentrait plus sur la destination que les détails se révélaient.

Évidemment, la marche avait aussi ses inconvénients. Il y avait les crottes de chien et il y avait tous ces mendiants. Jean-Jacques était perplexe : il payait des impôts comme tout le monde – il avait même la chance d'en payer plus que tout le monde – et il savait qu'une bonne proportion de ceux-ci contribuait aux programmes sociaux. Dans son pays, la générosité était obligatoire et technocratique. Mais alors, que faisaient donc là tous ces gens ?

Il arriva au parc et entama son tour du monde photographique. Son majordome ne lui avait pas menti : le monde, vu du ciel[7], était saisissant de beauté. Il était bien dommage que l'hélicoptère ne soit pas à la portée de toutes les bourses...

Non mais, c'est pas vrai, encore un !

Un mendiant venait de se planter à côté de lui.

— Mmmm... pas mal, marmonnait-il. Évidemment, ça contraste avec la grisaille de la ville... Et toi, tu en penses quoi ?

---

7. Yann Arthus-Bertrand, *La Terre vue du ciel*, Éditions de La Martinière, 1999.

Mais à qui parle-t-il ? Pas à moi tout de même... Jean-Jacques fit mine de ne pas avoir entendu. Le mendiant continua :

— Ah, tu n'en penses rien ? Tu as raison : c'est dangereux de penser, ça donne des idées...

— C'est à moi que vous parlez ?

— Non, je parle au type sur la photo. Il a l'air plus heureux que toi.

— Comment ?

— Tu sais, heureux. Regarde, il sourit même.

— Mais qu'est-ce que vous racontez ?

— Cela fait un moment que je t'observe. Tu es la seule personne à faire la gueule devant la beauté de la nature. Ça ne va pas, tu es malade ?

Il se passa alors quelque chose d'étrange dans la tête de Jean-Jacques. Au lieu d'envoyer paître l'impertinent, il le regarda et se dit qu'il avait mieux à faire que de rabrouer un aussi pauvre bougre. D'ailleurs, quel intérêt y avait-il de remettre à sa place quelqu'un qui n'en avait pas ?

Sans compter que ce type n'avait pas tort : il n'était pas en grande forme. Tout de même, se voir ainsi demander de ses nouvelles par un mendiant, c'était vraiment le monde à l'envers ! Il décida de rétablir la hiérarchie :

— Non, non, ça va. Et vous ? Comment vont les affaires ?

— Pas trop bien, répondit le mendiant, je suis victime de la concurrence des étrangers. Depuis qu'ils ont débarqué, j'ai nettement moins de travail : les gens ne savent plus où ni à qui donner. Le marché est encombré. Avant, mon chien apitoyait les vieilles dames mais les étrangers sont arrivés avec des enfants et des bébés. Des bébés, tu te rends compte ! Ah, ils sont fortiches en marketing ! Et comme ils ne parlent même pas français, ils ne risquent pas de perdre leur temps en bavardages avec les Samaritains : de vrais pros de la mendicité !

— Mais pourquoi faites-vous cela, alors ?

— Ben, il faut bien faire quelque chose !

— Et vous arrivez à vivre ?

— Ben oui, tu le vois bien, je respire !

— Je veux dire, financièrement ?

— Ça, c'est une autre question, cela n'a rien à voir ! Avec la vie, on n'a pas le choix : soit on est vivant, soit on est mort ; il n'y a pas de demi-mesure. En tout cas, il ne devrait pas y en avoir… Mais avec l'argent, c'est autre chose : chacun décide de ses propres aspirations et frustrations. Moi, en l'occurrence, j'ai décidé de vivre simplement.

— Je vois cela. Mais, quand même, cela ne vous dérange pas d'inspirer la pitié ?

— C'est mieux que d'inspirer la haine, non ? Toi, par exemple, avec tes belles chaussures et tes fringues sur mesure, que crois-tu inspirer ? Eh bien, je vais te le dire : tu inspires le désir, l'envie, la jalousie… Moi, j'inspire la générosité et l'entraide. Grâce à moi, les gens se sentent un peu plus humains. Je fais un métier utile, tu sais.

— Évidemment, vu sous cet angle…

— Il faudrait toujours voir les choses sous plusieurs angles. N'existe-t-il pas autant de perspectives que de points de vue ?

Ouais, sans doute, se dit Jean-Jacques. *Bon, ce n'est pas tout, mais j'ai accompli ma bonne action, moi. Pas envie de passer pour un Samaritain…* Soudain soucieux d'en finir, il se força à abréger l'échange :

— Bon, eh bien, merci pour cette conversation. Combien vous dois-je ?

— Rien du tout : la parole est gratuite. C'est l'acte de générosité qui est payant.

— Il faut bien que je vous donne quelque chose ?

— Seulement si ce mouvement vient de ton cœur. Si tu donnes par obligation ou manipulation, tu ne te sentiras pas aussi bien. C'est pour cela que je ne vais pas quémander : ma non-action garantit une générosité de qualité. C'est lorsque les passants baissent les yeux, me voient et viennent vers moi sans contraintes qu'ils s'humanisent. Toute la journée, ils vont penser à leur geste et ils se sentiront bons. Les jeunes dans la profession ont perdu le goût du travail bien fait : ils ne supportent pas d'attendre. Ils vont à la rencontre des passants, les agressent et les manipulent pour leur soutirer quelques pièces. Dans ce cas, tout le monde est perdant. Le jeune qui entend : « Non, désolé » à longueur de journée, le passant qui ment pour refuser de donner et même celui qui donne car il a alors le sentiment d'avoir réagi et non pas agi. Regarde le porche là-bas, avec le chien : c'est là que je travaille. Comme tu le vois, je n'ai pas de pancarte devant moi : je ne fais croire à personne que j'ai faim ou que je suis sans abri. On vient vers moi librement et on me quitte le cœur léger. Garde donc ton argent. Tu n'es pas encore prêt à donner…

Jean-Jacques remit son portefeuille dans sa veste, à la place de son cœur, salua le mendiant philosophe et s'en alla. Il avait encore beaucoup de choses à voir et à apprendre, mais il se faisait tard. Ce serait pour un autre jour. Il regagna sa propriété, sa tanière, ses habitudes et ses regrets…

Le piège

Cela faisait maintenant cinq minutes que la bibliothécaire était sortie de la pièce et Samuel commençait à trouver le temps long. Il finit par se lever et se dirigea vers la fenêtre. C'est à ce moment-là qu'il remarqua les barreaux.

Le soleil n'était pas apparent mais le ciel était bleu. Quelques pigeons y virevoltaient. En bas, les gens se pressaient comme d'habitude, sans un regard vers le ciel.

Au bout de quinze minutes, Samuel décida que sa patience avait des limites. Il se dirigea vers la porte mais la trouva fermée. Il frappa. Rien. Cogna. Appela. Aucun écho. Il s'attaqua à la fenêtre mais ne parvint pas non plus à l'ouvrir. La défoncer avec une chaise ? Oui, il pourrait faire cela en dernier recours. Les barreaux ne l'empêcheraient pas d'appeler à l'aide. Cette pensée le rassura quelque peu. Il était en pleine ville. Les gens lèveraient la tête.

Il n'empêche que ce qu'il avait redouté arrivait : il s'était fait prendre au piège ! Pourquoi ne s'était-il pas enfui de ce satané hall ? Quelle idée aussi de suivre n'importe qui n'importe où ! Ce qu'il ne parvenait pas à comprendre, c'était le mobile de sa capture et pourquoi lui ? Non, tout cela ne tenait pas debout. Ils allaient réapparaître. La bibliothécaire avait dû recevoir un coup de fil urgent ou quelque chose de ce genre…

On frappa.

— Entrez ! hurla Samuel.

Personne n'entra mais une enveloppe glissa sous la porte. Samuel se précipita, l'esprit en ébullition, le cœur en feu. Il déchira l'enveloppe et déplia la lettre. Alors, il manqua de défaillir.

Tout en haut de la feuille, quatre mots le transpercèrent :

Préparez-vous à mourir…

Il jeta aussitôt la lettre, empoigna l'une des chaises et se rua vers la fenêtre. Le coup résonna dans tout l'immeuble, mais la vitre tint bon.

— Mais que se passe-t-il ici ? Voulez-vous me faire le plaisir de respecter notre mobilier ! Regardez ce que vous avez fait de la chaise...

La bibliothécaire venait de réapparaître munie d'un plateau à thé. Elle dévisagea Samuel avec intérêt. Ce dernier, fou de rage, serrait dans sa main ce qui avait été, il y a une minute encore, un honnête montant de chaise. Il tremblait et agitait nerveusement le morceau de bois.

— Mais voyez dans quel état vous vous êtes mis ! Ce n'est pas raisonnable... Que s'est-il donc passé dans votre esprit ?

— Comme si vous ne le saviez pas !

— Je vois bien que vous êtes en colère, mais j'avoue ne pas en comprendre la raison. Voulez-vous m'expliquer ? Peut-être pourriez-vous aussi lâcher ce bâton ? Ça ne sera pas très pratique pour boire le thé...

— Mais j'en ai rien à foutre de votre thé ! Vous allez me laisser sortir, oui !

— Vous préférez du café ? Écoutez-moi : je vous prie de m'excuser si nous vous avons causé quelques palpitations, mais je vous assure que vous n'avez absolument rien à craindre ici.

— Pourquoi alors m'avoir enfermé ? Et cette lettre, rugit Samuel en la montrant du doigt. Vous vous croyez drôle peut-être ?

— Mais qu'y a-t-il au juste dans cette lettre ? demanda la bibliothécaire. Permettez que j'y jette un œil... Eh bien quoi, il n'y a vraiment pas de quoi fouetter un chat !

— *« Préparez-vous à mourir »*, ça vous semble anodin peut-être ? Vous êtes des malades, des cinglés !

— Mais lisez donc la lettre entièrement. Regardez ce qui est inscrit en bas...

Samuel la reprit d'un geste rapide, la parcourut et laissa tomber un « Oh ! » de surprise. *« Préparez-vous à mourir... »* était suivi de : *« ...en vivant le mieux possible »*. Cette dernière phrase était écrite en plus petit et en bas de la page, mais elle était bel et bien lisible. Comment cela avait-il donc pu lui échapper ?

— Et ce n'est pas tout, dit la bibliothécaire, cette lettre ne vous est même pas adressée. Regardez l'enveloppe : vous ne vous appelez pas Marc Fisher[8], que je sache ?

— Vous vous êtes bien foutu de moi, conclut Samuel, et vous m'avez fichu une trouille bleue. Puis-je savoir pourquoi ?

— Pour vous démontrer la puissance de votre imagination. À en croire l'état de la chaise, elle est assez fertile, non ? Dommage que vous ne sachiez pas encore l'orienter dans le bon sens !

— Que voulez-vous dire ?

— Ce qui fonctionne dans un sens fonctionne aussi dans l'autre. Vos pensées ont failli vous faire mourir de peur, mais comment auriez-vous réagi si nous avions écrit : *« Vous êtes libre de réussir et d'être heureux ! »*

— Je ne sais pas, mais la chaise serait très certainement intacte.

---

8. Marc Fisher, *Le millionnaire*, Pocket. Un petit conte avec un millionnaire et une rose, source d'inspiration pour ce passage...

— Il ne tient qu'à vous d'orienter votre imagination correctement. *« L'homme est ce qu'il croit »,* disait Anton Tchekov. Malheureusement, il est souvent bien loin de croire tout ce qu'il est…

— Si je comprends bien, le problème viendrait d'une mauvaise communication avec notre cerveau ?

— Oui ! Notre esprit est en effet embué par un certain nombre de conditionnements réflexes. La loi de la jungle dont nous avons déjà parlé mais aussi, plus subtilement, notre représentation souvent négative du monde. Prenons l'exemple des journaux télévisés. Sur trente minutes, il est logique que les journalistes se concentrent sur ce qui sort de l'ordinaire : le crash d'un avion plutôt que les milliers de vols qui atterrissent quotidiennement sans encombre, le meurtre plutôt que les milliards de poignées de main ou de sourires… Il ne faut pas se laisser berner : sur une page blanche, c'est évidemment le point noir qui saute aux yeux ! Vous venez d'en faire l'expérience, il me semble.

— Oui, c'est vrai.

— Vous voyez : il n'y a de fatalité qu'à la mesure de notre propre fatalisme. Le monde est imparfait et la violence est évidemment présente dans la nature, mais nous ne sommes pas obligés de nous focaliser dessus. Nous avons le pouvoir de contrôler nos vies et notre vision du monde. Nous avons tous en nous l'énergie nécessaire pour échapper à la gravité et gagner en altitude…

Dans le bain

— Monsieur a bien dormi ?

— Comme d'habitude : non.

— Alors, avez-vous vu cette exposition de photos ? continua Antoine.

— Oui, ce n'était pas mal. Malheureusement, je n'ai pu faire que la moitié du tour du monde. Un pauvre type est venu me faire la conversation.

— Un pauvre type ?

— Vous savez, un mendiant. C'est fou ce qu'il y en a en ville ! Celui-là était un peu spécial, remarquez, il ne m'a rien demandé. Il a même refusé lorsque j'ai voulu lui donner quelque chose.

— C'est curieux en effet.

— Le plus amusant, c'est qu'il ne semblait pas du tout honteux de son sort. Il s'en vantait même : il m'a affirmé qu'il propageait la générosité.

— Vous voulez dire qu'il était content de sa situation ? C'est incroyable : tant de personnes fortunées en mal-être et ce mendiant qui est heureux de ne rien posséder… Cela fait réfléchir, non ?

— Je crois que ce type n'avait plus toute sa tête. J'ai toujours trouvé naïve la rengaine de l'argent et du bonheur. De l'argent, il en faut bien pour manger et se vêtir, non ?

— Vous avez raison. D'un autre côté, qu'est-ce que l'argent au regard de la santé, de l'amour, de l'amitié, de l'estime de soi ?

— Écoutez, je ne sais pas, j'ai toujours eu de l'argent !

— Si je puis me permettre, Monsieur, c'est peut-être cela votre problème.

— Que voulez-vous dire ?

— Votre fortune vous a préservé de l'effort alors que la joie de vivre vient généralement de la satisfaction d'accomplir quelque chose. Le pauvre manque d'or mais le riche manque parfois de plomb : une base de plomb pour donner du poids et de la substance à sa vie.

— À vous entendre, je mènerais une vie superficielle ?

— Il vous manque en effet un peu de profondeur : vous avez une baignoire en marbre blanc, mais vous êtes incapable de faire couler l'eau de votre bain...

— Mais vous aussi ! L'eau est toujours trop chaude ! J'ai chaque matin l'impression d'être une écrevisse...

— Je sais. Je le fais exprès.

— Hein ?

Alors ça c'était trop fort ! Et ce bougre l'avouait encore en plus ! Du temps de ses parents, un tel affront aurait entraîné une mise à pied immédiate. Son père ne supportait pas l'impertinence de ses domestiques. Non, vraiment, le respect se perdait. Voilà où menait la gentillesse...

Le majordome continua avec l'assurance que confère le bon droit :

— Je vous prie de m'excuser, Monsieur, mais je souhaitais voir si, face à une petite contrariété, vous étiez encore capable de trouver la solution : tout simplement ouvrir le robinet d'eau froide. Mais cela ne vous est même pas venu à l'esprit, n'est-ce pas ?

— Eh bien non, puisque c'est votre travail !

— Mon travail, Monsieur, est de vous faciliter la vie. Pas de vivre votre vie. C'est à vous d'apprécier la valeur de votre existence !

— Décidément, tout le monde y va de son bon conseil. D'abord ce mendiant. Vous maintenant...

À qui le tour, se demanda Jean-Jacques, *le postier, les éboueurs ?* Mais où était passé le respect pour sa personne ? L'argent n'était-il donc plus suffisant ?

— Vous faites erreur, Monsieur, reprit le majordome : c'est vous qui souhaitez changer. Je ne fais que répondre à vos attentes. C'est VOUS le catalyseur de votre vie !

Vu comme ça, d'accord, se dit Jean-Jacques. *Tant que les apparences sont sauves...* Il s'apaisa et décida de jouer franc jeu. Son majordome s'était après tout excusé et il semblait en savoir long sur l'existence. Plus long que lui, en tout cas. Il soupira :

— Que voulez-vous, j'ai tellement l'habitude de me laisser aller que je ne sais plus très bien par quel bout saisir l'existence. Je ne sais même pas ce que je souhaite accomplir ou changer...

— Eh bien alors, réfléchissez-y. Asseyez-vous dans le calme de la nature et passez vos rêves en revue.

— Mes rêves ? Comme d'être toujours avec Hélène ou d'avoir pu élever cet enfant ?

— Un enfant, Monsieur ?

— C'est un épisode douloureux sur lequel je ne souhaite pas m'étendre, reprit Jean-Jacques, ennuyé d'en avoir soudain trop dit.

— Comme vous voulez, Monsieur. De toute manière, je faisais référence à vos rêves et non pas à vos regrets.

— Ah, je vois... Et vous, Antoine, à quoi rêvez-vous donc ?

— Je rêve, Monsieur, de prolonger mon rêve.

— Vous voulez dire que vous le vivez ?

— C'est cela, je suis arrivé à un niveau où je me contente de ce que j'ai. Dans ma jeunesse, je rêvais de vivre dans une luxueuse maison, d'avoir une belle voiture, une famille aimante... Le rêve classique de la jeunesse en fait. Tout cela, je l'ai réalisé vers la trentaine. Et puis ma femme est décédée et j'ai pris conscience que tout dans la vie était impermanent et que mes expériences seraient toujours plus belles que mes fortunes. J'ai vendu ma maison et démissionné de mon travail.

— Mais pourquoi avoir choisi ce métier de majordome ?

— « *Ich dien.* »

— Pardon ?

— « *Ich dien* : je sers. » C'était la devise du Prince de Galles.[9] Quelle plus belle manière d'être utile que de servir ?

— Sans doute, mais vous n'êtes vraiment utile qu'à moi et je ne pense pas être un modèle de vertu ni un nécessiteux...

— Cela rend ma tâche d'autant plus respectable.

— Que voulez-vous dire ?

— Que tout métier peut, avec le bon état d'esprit et une motivation appropriée, se transformer en sacerdoce.

— Décidément, je ne vous savais pas si sage !

— Nous sommes tous entourés d'êtres extraordinaires, mais nous sommes généralement trop accaparés par notre ego pour en prendre conscience. Je ne parle pas de moi, remarquez, je ne suis qu'un humble majordome... Mais puis-je me permettre un conseil, Monsieur ? Retournez donc voir ce mendiant. Quelque chose me dit qu'il vous apportera beaucoup...

---

9. Dale Carnegie, *Comment dominer le stress et les soucis*, Flammarion, 1993, p. 145, édition mise à jour de *Triomphez de vos soucis*, écrit en 1944.

LIVRE SECOND

L'éveil

Le Petit Livre bleu

La bibliothécaire ressortit de la pièce – Samuel insista pour qu'elle laisse cette fois la porte ouverte – et revint quelques instants plus tard avec un énorme classeur et un petit livre qu'elle posa avec délicatesse sur la table. Extérieurement, il ne payait pas de mine : un banal format de poche, une couverture bleue et une cinquantaine de pages. Pas de nom d'auteur, pas de titre, ni d'éditeur.

— Pas très commode pour organiser des séances de dédicaces, s'aventura Samuel.

Elle ne releva pas la plaisanterie et commença par lui énoncer les règles. Elles étaient fort simples :

> Premièrement, ne jamais parler du livre.
> Deuxièmement, respecter la première règle.
> Troisièmement, si l'on en a parlé quand même,
> prétendre que l'on n'en a jamais parlé.

— Et quatrièmement, ne plus jamais parler à ceux à qui l'on n'en a prétendument pas parlé ?

— Ne vous moquez pas de ces règles, je vous prie. Elles sont nécessaires pour le moment. J'espère pouvoir un jour distribuer ce livre au plus grand nombre, mais ce serait aujourd'hui prématuré. Il faudra d'abord que de nombreux scandales éclatent. Nous y travaillons également...

— Qu'y a-t-il donc de si subversif dans ce livre ?

— De nombreuses idées : les nôtres et celles que vous apporterez.

— Il s'agit donc d'une sorte de philosophie ?

— De philosophie de la vie, oui ! Mais ne craignez rien : vous n'aurez aucune peine à le lire. Vous risquez même d'être déçu par la simplicité du texte. Mais ne soyez pas dupe et souvenez-vous de votre réaction tout à l'heure face à la puissance des mots. Il vous faudra creuser un peu afin d'accéder aux racines des idées. Il est par ailleurs très important que vous ne commenciez pas un nouveau chapitre sans avoir correctement assimilé et mis en pratique les préceptes du précédent.

— Pourquoi ?

— Pour ne pas rester un *lecteur* toute votre vie ! Bon, avez-vous d'autres questions ?

— Seulement une petite centaine...

Samuel essaya d'en savoir plus, mais il se heurta à des réponses énigmatiques. Réalité ou mise en scène, le livre était entouré de mystères.

Qui en était l'auteur ? Ils l'ignoraient : le livre avait été trouvé il y a une dizaine d'années.

Qui en était l'éditeur ? C'est leur organisation qui l'imprimait et le distribuait.

À qui ? Aux personnes jugées aptes.

Selon quels critères ? Une certaine maturité d'esprit et une capacité d'ouverture aux autres.

Pourquoi lui ? Elle s'était fiée à son intuition et espérait ne pas s'être trompée.

Que risquait-elle ? Quelques tracasseries raisonnables.

Qui étaient-ils ? Des *acteurs*.

D'où venaient-ils ? De l'état de *lecteur*.

Tous les *lecteurs* devenaient-ils *acteurs* ? Jusqu'à présent, oui.

Combien de temps cela prenait-il ? Le temps qu'il fallait.

Combien étaient-ils ? De plus en plus, mais pas encore assez pour faire évoluer radicalement les choses...

Qui les dirigeait ? Leur propre conscience.

Qui les finançait ? L'auteur avait laissé une importante somme d'argent avec ses instructions.

Quelles instructions ? Changer le système et notre vision du monde.

Au cours de la discussion, Samuel avait tenté d'examiner le livre. Elle l'avait stoppé net : « Pas ici, pas maintenant ! » Personne ne devait être présent lorsqu'il le consulterait. Cet ouvrage était à lui et exclusivement à lui. À l'avenir, il serait sans doute autorisé à diffuser le message mais, pour l'instant, il devait l'étudier et faire ses preuves.

Elle saisit alors le classeur, le feuilleta pendant quelques minutes avec une lenteur calculée, puis montra à Samuel la page le concernant. Un frisson le parcourut : ses coordonnées complètes y figuraient, ses nom, adresse, date de naissance et même une photocopie de sa carte d'identité. De toute évidence, les fichiers de la bibliothèque avaient bien servi. « Au cas où les choses déraperaient » se justifia-t-elle.

Que se passerait-il alors ? Il l'apprendrait bien assez tôt.

Et s'il refusait ? Il était trop tard, le processus était engagé. Ne l'avait-elle pas averti avant d'entrer ?

Et s'il les dénonçait ? Sur quel motif: parce qu'ils souhaitaient changer le système ? Mais personne ne le croirait ! Non, ce n'était vraiment pas dans son intérêt.

Quel était son intérêt ? Suivre les conseils du livre.

Et pour aller où ? Vers la vie qu'il choisirait.

Et ensuite ? Comme tout le monde, vers la mort.

La mort ? Eh bien oui, la mort. N'était-il pas au courant que la vie était mortelle ?

Sur cette dernière réplique, elle se leva et pria Samuel de la raccompagner vers la sortie. Il en savait suffisamment et le livre lui fournirait des réponses autrement plus essentielles. Elle le congédia sur le pas de la porte:

— Adieu, jeune homme. Tâchez d'être à la hauteur: votre futur dépend de vous !

Un sage

Jean-Jacques décida de suivre les conseils de son majordome. Au diable ce que pourraient bien penser les autres ! Ce qu'il apprendrait de ce mendiant valait d'ailleurs largement le risque d'être catalogué « généreux » par quelques badauds…

Il le retrouva facilement. Il était assis sous le porche à côté d'un magnifique labrador noir. Jean-Jacques sortit un billet et s'approcha :

— Bonjour, dit-il en plaçant le billet dans la sébile. Cette fois, vous ne pouvez pas refuser mon argent. Vous ne m'avez encore rien donné.

— Détrompe-toi, répondit le mendiant, je t'ai déjà donné beaucoup. Ce matin, par exemple, tu as pensé à moi et tu t'es senti bien. Tu es aussi venu ici exprès pour me voir. J'ai donc rempli ton cœur et ton agenda… Mais j'accepte ton argent avec joie car je ne m'y attendais pas : il faut toujours accepter les offrandes et les dons de la vie.

— J'avais peur de ne pas vous retrouver. Vous auriez pu changer de place.

— Et qu'aurais-tu ressenti dans ce cas ?

— De la frustration sans doute, des remords, des regrets d'être parti si vite hier, de ne pas avoir pensé à vous demander où vous seriez les jours suivants…

— Tout cela parce que la vie ne répondait pas exactement à tes attentes ? Si je n'avais pas été là, tu aurais fait autre chose et tu aurais peut-être rencontré la femme de ta vie. Qui sait ? Se morfondre de ce qui survient est une perte de temps et d'énergie. Si tu me demandes où je serai demain, je ne te répondrai pas. Comment le pourrais-je ? Tant de choses peuvent arriver avec le temps ! Mais ne t'en fais pas : si nous devons nous rencontrer, nous nous rencontrerons. Nous nous sommes déjà rencontrés deux fois...

— Oui, mais la première fois, c'était par hasard...

— Hasard, logique, chance ou malchance, qui sait ? Laisse-moi te conter une histoire :

> Il y a bien longtemps, un fermier élevait des chevaux dans un ranch aux États-Unis. Un jour, son plus bel étalon s'enfuit. Son voisin de s'exclamer alors : « Quelle malchance, quelle malchance ! » Mais le fermier haussa les épaules et répondit : « Chance ou malchance, qui sait ? » Quelques jours plus tard, l'étalon revint accompagné d'une superbe pouliche. Le voisin s'exclama : « Quelle chance, quelle chance ! » Le fermier haussa les épaules et répondit : « Chance ou malchance, qui sait ? » En essayant de dresser la pouliche, le fils du fermier se cassa une jambe. Le voisin s'exclama : « Quelle malchance, quelle malchance ! » Le fermier haussa les épaules et répondit : « Chance ou malchance, qui sait ? » Quelques jours plus tard, un général passa dans la région pour recruter des hommes valides pour une guerre impopulaire. Le fils fut exempté à cause de sa fracture…

— C'est une histoire amusante...

— Oui, et c'est une histoire vraie : nous ne saurons jamais quels seront les événements ni leurs conséquences. Tout juste pouvons-nous les orienter ou les laisser aller dans le bon sens...

— Comment cela ?

— Eh bien, imagine que le fermier se soit effondré à l'annonce de la disparition de son étalon. Pendant des jours, le voilà qui se met à maudire le sort et sa malchance, à insulter la barrière pas assez haute, à regretter de ne pas avoir attaché son cheval… L'étalon aurait quand même fini par revenir, mais il aurait peut-être trouvé le fermier mort de tristesse. Quant à toi, si tu ne m'avais pas trouvé et si tu avais laissé tes sentiments négatifs envahir ton esprit, tu te serais fermé au monde extérieur et aurais gâché une partie de ta journée.

— Mais comment pouvez-vous dire cela ? Moi, au moins, je bouge, je sors, je suis au contact avec le monde… Il est normal que je sois affecté de sentiments contradictoires et que la joie alterne avec la tristesse. Il est facile de rester serein lorsque l'on passe son temps assis par terre à ne rien faire !

— Ai-je l'air d'un ermite en pleine méditation ? Tu aurais tort de croire que je ne suis pas aussi aux prises avec les problèmes de l'existence. Nous le sommes tous, mais au niveau que nous choisissons. Toi, tu as peur de toi-même alors tu viens m'apporter tes problèmes. Tu espères que je pourrais t'aider à les résoudre. Ne crache donc pas dans la soupe : je ne t'ai rien demandé et c'est libre que tu es venu vers moi !

— Bon, excusez-moi.

La discussion venait de prendre une tournure désagréable. Jean-Jacques, agenouillé pour mieux discuter, s'était subitement redressé. Il envisageait d'en rester là. Ce mendiant avait peut-être raison, mais ce n'était qu'un mendiant et il ne fallait pas pousser le bouchon trop loin. Il n'était pas venu pour une leçon de morale. *Peur de lui-même ?* Pourquoi diable aurait-il peur de lui-même ?

Le mendiant nota l'agacement de Jean-Jacques et enchaîna :

— J'accepte tes excuses et je les honore. Tu me sembles avoir un bon potentiel d'épanouissement car tu t'excuses rapidement. C'est bon signe. J'espère seulement que tu arrives aussi à te pardonner.

— Que voulez-vous dire ?

— Faire des excuses à autrui est chose fort simple. Le véritable challenge consiste à accepter ses propres erreurs. Ne ressens-tu pas de la colère envers toi-même pour m'avoir dit ce que tu m'as dit ?

— Colère, non, mais je me suis traité d'imbécile lorsque j'ai réalisé que j'avais dit une bêtise. Et je n'ai pas apprécié de devoir m'excuser. J'avais l'impression que cela me rabaissait...

— Oui, c'est cela le problème. Nous aimons nous considérer comme parfaits et nous admettons difficilement nos erreurs. Pourtant, nous avons tous au fond de nous la connaissance de notre imperfection. Pourquoi dès lors refuser notre nature ? La compassion, avant de servir les autres, devrait être tournée vers soi : *« Je ne suis pas un dieu mais un homme. Merci pour ces erreurs qui révèlent mon humanité. »* Ainsi, nous éviterions de rajouter de l'huile sur le feu ; nous cesserions de nous morfondre sur ce qui est normal puisque naturel.

— Soit, mais si je me pardonne sans cesse mes erreurs, je cours le risque de ne jamais progresser, protesta Jean-Jacques.

— Accepter ses erreurs, ce n'est pas s'en contenter. Tu t'imagines aussi pleurnichard qu'à ta naissance ? L'homme ne cesse jamais de s'accomplir. Cela aussi fait partie de sa nature. Il faut grimper pour jouir d'un panorama.

— Eh bien ! Pourquoi ne changez-vous pas de place, alors ? N'êtes-vous pas tenté par de nouvelles expériences, de nouveaux horizons ?

— Mais chaque instant de ma vie EST une nouvelle expérience ! Il n'est pas nécessaire de s'agiter en tous sens pour vivre autre chose... Trop bouger nous empêche d'ailleurs souvent d'être à l'écoute des messages de notre cœur...

— Et qu'est-ce qu'il vous raconte votre cœur en ce moment ?

— Il est content parce que le Club de la générosité compte un membre supplémentaire. Un membre d'importance.

— Moi ? Quelle belle différence !

— Cesse donc de tout juger globalement ! Un grimpeur qui regarderait sans arrêt les hommes restés en bas ne verrait pas les prises et ne pourrait pas grimper. Concentre-toi plutôt sur tes actions et laisse les autres tranquilles. Mère Teresa ne disait-elle pas : « *Ne cherchez pas des actions spectaculaires. Ce qui est important, c'est que vous donniez de vous-même.* » Elle s'y connaissait en générosité, non ?

— Oui, mais elle est morte… et il y a toujours des bidonvilles à Calcutta.

— Certes, mais elle, au moins, aura vécu ! Et demande donc aux enfants qu'elle a accueillis, soignés, éduqués et aimés s'ils n'ont pas vu la différence ! Ne rien faire parce que l'on ne peut pas tout faire est une bien mauvaise excuse… Bon, ce n'est pas tout mais j'ai d'autres personnes à voir et le temps se couvre. Ne viens pas demain ou après-demain : je ne serai pas là pour toi. Va plutôt à la rencontre des vieillards et des malades. Ce sont d'excellents pédagogues de la vie…

Première règle de vie

Samuel rentra aussitôt chez lui. Au fond de sa poche, le petit livre lui brûlait le cœur et l'esprit. Il était à la fois impatient et nerveux de le découvrir. Que se passerait-il s'il ne respectait pas les règles ? La bibliothécaire lui avait dit qu'ils n'étaient pas nombreux, mais le classeur où figurait son immatriculation comportait déjà plusieurs centaines de pages noircies. Plus troublant, il avait noté que certaines d'entre elles, barrées de rouge, portaient la mention « *Supprimé(e)* ». Il essaya de contrôler son imagination mais il n'y parvint qu'à moitié...

Il pénétra dans sa spacieuse-pièce-unique-encastrée-sous-les-toits, mit le verrou et tira le rideau. *Mes premiers gestes d'un homme paranoïaque*, se dit-il.

Il s'assit à sa table et ouvrit délicatement le livre. Sur la page de garde, il lut :

Pour Samuel Deboud, n° 341
De la part d'Élisabeth Persigny, n° 7

Et en bas de page :

Si vous trouvez ce livre, merci de le détruire.
Il ne vous est pas encore destiné.

En deuxième page figurait une citation de Goethe : « *Grise est la théorie, vert est l'arbre de la vie* » et un avertissement : « *Vous qui lisez ce livre, n'oubliez pas d'où il provient ni à quoi il est destiné.* »

— Ça va, ça va, j'ai compris le message, maugréa Samuel, je serai un gentil petit *lecteur* et je mettrai bien en pratique chacune de vos lumineuses suggestions. Mais pour cela, il faudra d'abord que vous me démontriez qu'il ne s'agit pas d'une fumisterie...

Il tourna la page. Les trois règles y étaient rappelées.

Il continua et lut : « *Règle de vie première.* » Décidément, ils étaient doués pour les règles et les règlements ! Mais pour qui se prenaient-ils donc à vouloir régenter ainsi l'humanité ?

Sa main trembla néanmoins légèrement lorsqu'il passa à la page suivante. Elle était blanche, à l'exception d'un court poème :

Liberté d'être généreux,
De partager, rendre heureux.

À l'étranger, d'offrir son cœur,
Aux indigents, de ses valeurs.

Cela le sage l'a transmis,
Il recevra, sera guéri.

Il tourna la page : il n'y avait rien d'autre ! Enfin si, il y avait quelque chose, mais ce « quelque chose » le laissa perplexe. En haut à gauche, il était écrit : « *Vivez et notez ici votre cheminement et vos réflexions. Ceci est votre Livre de vie.* » Suivaient six pages blanches puis la « *Règle de vie seconde* » précédée de l'avertissement d'usage : *« À ne lire qu'après avoir appliqué la Règle de vie première. »*

Samuel était désemparé. Tout cela pour ça ! Six vers sur la générosité ! Était-ce cela qui allait révolutionner sa vie ? En plus, ce fichu poème n'avait visiblement aucun sens : que pouvait-on bien recevoir à donner ? Une dose de bonne conscience ? Irions-nous au Paradis comme le prêchent ces braves catholiques ? Une telle générosité serait bien hypocrite… Et guéri de quoi, au fait ?

De même, que pouvait-il donc donner, lui qui manquait déjà d'argent ? Un sourire, une parole ? Ça ferait une belle jambe aux mendiants ! D'ailleurs, ces derniers n'avaient qu'à faire comme lui et chercher du travail ! C'était juste une question de volonté !

Juste une question de volonté ? Était-ce vraiment si simple ? Samuel se remémora sa rencontre déstabilisante avec la bibliothécaire : la manière dont il avait perdu les pédales, dont son imagination l'avait emporté sur sa volonté. S'il n'avait pas été capable de se contrôler, comment pouvait-il l'exiger de plus misérable que lui ?

Un accueil glacial

Je n'ai qu'à aller rencontrer un vieux malade, se dit Jean-Jacques, *ça me fera gagner du temps.* Mais gagner du temps pour quoi faire ? C'était tout de même un drôle de conseil : il recherchait le bien-être et voilà que « son » mendiant l'envoyait à la rencontre des « bientôt morts » et des « pas encore guéris »… Sans doute s'agissait-il d'un exercice de générosité. Mais pourquoi les lui avait-il présentés comme des « pédagogues de la vie » ?

Jean-Jacques commençait à éprouver de l'affection pour le personnage. C'était la première personne qu'il parvenait à écouter sans avoir envie de lui couper la parole. Les hommes parlaient trop. Ils semaient leurs opinions à tous vents, avec une prédilection pour les champs des autres. Mais ils récoltaient rarement.

Jean-Jacques demanda à son majordome de lui recommander un hôpital. Les malades des cliniques privées avaient de l'argent et donc certainement des visites.

— J'ai un cousin qui est soigné à l'hôpital Semmelweis [10], répondit Antoine. C'est à une dizaine de minutes en voiture.

— Vous allez souvent le voir ?

— Malheureusement non, Monsieur.

— Eh bien, allons-y ensemble, alors !

— C'est que j'ai encore beaucoup de travail...

— Vous le ferez plus tard. Vous faites un excellent boulot de toute façon. De plus, je vous fais remarquer que c'est vous qui m'avez dit de retourner voir ce mendiant. Assumez-en maintenant toutes les conséquences...

Leur conversation en voiture tourna autour du mendiant philosophe et de son activité. Antoine lui apprit qu'au Sénégal, les disciples d'une confrérie musulmane se faisaient mendiants afin d'apprendre l'humilité et l'ascétisme.[11] De même, en Asie, certains moines bouddhistes mendiaient leurs repas au quotidien. La mendicité était donc loin d'avoir partout une connotation négative. Jean-Jacques lui demanda d'où il tenait toutes ces informations, mais Antoine esquiva la question en disant qu'ils arrivaient, ce qui était exact.

---

10. Lorsque le médecin hongrois Semmelweis écrit au milieu du XIXe siècle : « *Les mains, par leur simple contact, peuvent être infectantes* », il fut la risée de ses collègues. Il a pourtant, grâce à une meilleure hygiène, fait passer la mortalité dans le pavillon d'accouchement où il travaillait de 33 à 0,23 % ! Son patron réussit néanmoins à monter toute la Faculté de Médecine contre lui. Aucun grand professeur étranger de l'époque ne voulait croire à sa découverte. Semmelweis fut révoqué en 1849 et mourut dans un asile d'aliénés à Vienne en 1865.

11. Les Talibés, membres de la confrérie mouride. De nos jours, de très nombreux abus impliquant de jeunes enfants mendiants sont néanmoins à déplorer.

Ils pénétrèrent dans le hall de l'hôpital et se dirigèrent vers l'accueil :

— Bonjour Madame, lança Jean-Jacques, je viens voir un malade.

— Je suis désolée, mais ce n'est pas encore l'heure des visites : il vous faudra revenir cet après-midi.

— On ne peut pas voir les malades le matin ?

— Désolée, non. Les malades ont besoin de repos...

— Mais pas tous quand même : il doit bien y en avoir quelques-uns qui recherchent de la distraction ?

— De la distraction ? Qui venez-vous voir ?

— Je ne sais pas encore... Quelqu'un qui reçoit peu de visites, si possible.

— Attendez, vous voulez dire que vous ne connaissez personne dans cet hôpital ?

— Moi, non. Mon majordome par contre a un cousin malade ici...

— Votre majordome ? Vous vous foutez de moi ou quoi ?

— Non, non, je suis sérieux. Un mendiant m'a conseillé de venir voir les malades. Il m'a dit que cela leur ferait plaisir de recevoir de la visite...

Vu la tête de la réceptionniste, Jean-Jacques comprit qu'il aurait mieux fait de se taire. La réplique fut cinglante :

— Ça, Monsieur, c'est au malade qu'il faudrait le demander ! Mais si vous n'êtes venu voir personne en particulier, vous ne devriez pas vous formaliser de ne voir en particulier personne...

Jean-Jacques devint cramoisi de colère. Voilà que cette « petite conne » de réceptionniste se foutait de lui ! Lui qui ne voulait jamais que rendre service. C'était à vous dégoûter de la générosité ! Mais il n'entendait pas se laisser faire. Il avait une mission à remplir :

— Écoutez, je suis venu exprès ici et je suis sûr que ma visite sera appréciée. Et si cela ne vous plaît pas, veuillez, je vous prie, m'appeler *illico* votre chef de service.

— Il ne s'appelle pas *illico* et c'est vous qui allez m'écouter : si vous débarquez en dehors des horaires de visite, c'est votre problème ! Vous êtes peut-être habitué à être servi par des majordomes et à écouter des mendiants, mais vous êtes ici dans un hôpital public où il y a des règles et un règlement à respecter.

— Justement, qui dit service public dit au service du public !

— Notre rôle est de prodiguer des soins aux malades, pas d'organiser des rencontres entre inconnus. Il y a d'autres lieux pour cela ! Au revoir Messieurs !

Une fois dehors, Jean-Jacques se tourna vers son majordome. Furieux contre lui-même, il s'en prit logiquement à quelqu'un d'autre :

— Je suis vraiment passé pour un imbécile. Vous ne pouviez pas vous renseigner sur les horaires de visite, non ?

— Je suis navré, Monsieur, mais je vais rarement à l'hôpital et je ne savais pas ce que vous vouliez y faire.

— Oui, c'est vrai, j'aurais pu vous en aviser, se reprit Jean-Jacques. C'est bon, n'y pensez plus. Tout de même, quand je repense à cette petite fonctionnaire et à son ton condescendant... J'aurais dû la remettre à sa place...

— Si je puis me permettre, Monsieur, elle était à sa place, non ?

— Que voulez-vous dire ?

— Eh bien, elle ne faisait qu'appliquer le règlement de l'hôpital, elle obéissait aux directives.

— Elle n'était quand même pas très polie !

— Vous auriez peut-être dû éviter de parler de distraction et de mendiant. Si vous aviez été à sa place, n'auriez-vous pas aussi trouvé cela bizarre ?

— Peut-être bien, oui. Il n'empêche que je ne connaissais personne et qu'il fallait bien que j'explique la raison de ma visite...

— Écoutez, Monsieur, voilà ce que je vous propose : j'y retourne pour expliquer votre démarche et j'en profite pour prendre des nouvelles de mon cousin.

— Si vous le voulez, mais je ne me sens plus vraiment d'humeur à materner les malades...

— Eh bien, je vous prendrai rendez-vous pour demain soir. Qu'en pensez-vous ? Attendez-moi dans votre voiture. J'en ai pour cinq minutes...

Jean-Jacques préféra rester à l'air libre. Cette proximité avec autant de malades captifs le mettait mal à l'aise. Pour autant qu'il s'en souvienne, c'était la première fois qu'il mettait les pieds dans un hôpital. Cela n'avait pas été brillant. Il en était malade rien que d'y penser !

Antoine ressortit au bout de dix minutes :

— C'est arrangé, je vous ai pris rendez-vous demain à 17 heures. J'ai expliqué la raison de votre visite et ils sont enchantés de vous accueillir. La réceptionniste s'excuse pour son accueil un peu brusque. Vous savez, les administrations ont généralement du mal avec les imprévus : elles préfèrent savoir à l'avance. Cela leur permet de préserver le sens de leurs procédures...

— Je vous remercie. Pourriez-vous également téléphoner à une maison de retraite ? J'aimerais aussi y passer quelques heures demain après-midi.

— La raison est-elle la même ?

— En effet, aller à la rencontre des autres pour essayer de me trouver moi-même...

Un mendiant très pratique

Samuel sortit, résolu à ne pas perdre de temps, à mettre sur le champ en pratique sa première *Règle de vie*. Il y avait un mendiant sur le chemin de la bibliothèque. Il ferait l'affaire...

Il avait maintes fois hésité, mais il ne s'était jamais arrêté. Il avait eu peur, en dévoilant ses sentiments, de compromettre son allure de jeune battant. Il avait volontairement fait fi de sa compassion afin de mieux entrer dans le moule. Durant des années, il s'était efforcé de blinder son cœur, d'être fort et combatif, de détourner son regard pour oublier, en une fraction de seconde, les symptômes irréfutables de la misère sociale. Cela changerait : il allait reprendre le contrôle de son humanité !

Il saisit son portefeuille, sélectionna une pièce et s'approcha du mendiant :

— Tenez, mon brave...

— Ce n'est pas assez !

— Pardon ?

— Ta pièce, ce n'est pas assez !

— Comment ça pas assez ? Vous devriez être content de ce qu'on vous donne !

— Mais je suis content. C'est toi qui ne le seras pas.

— Mais qu'est-ce que vous racontez ?

— Je t'ai vu hésiter entre des centimes et des euros. Tu me donnes finalement les centimes. Ce n'est pas assez : plus tard, tu vas regretter de ne pas avoir été assez généreux. Lorsque l'on hésite, il faut toujours donner le montant le plus important. Il ne faut jamais être radin avec la générosité.

— Je donne ce que je peux donner. Et qu'est-ce que vous avez d'abord à me tutoyer ? Nous n'avons pas élevé les cochons ensemble, que je sache !

— Je te tutoie parce que tu es debout et que je suis par terre, parce que tu es dans la société et que j'en suis exclu : je crée un lien entre deux postures antinomiques. Tu considères mon tutoiement comme un manque de respect alors que j'essaie simplement de me mettre à ton niveau. En acceptant cela, en ne te considérant pas comme supérieur, en n'attendant pas de ma part de signes de déférence, tu fais aussi preuve de générosité à mon égard. Je t'en donne encore plus pour ton maigre argent…

Samuel était interloqué. Voilà qu'un clodo lui faisait la leçon. Il était venu pour donner et voilà qu'il recevait !

— Tu sembles perplexe, dit le mendiant.

— Je me demandais comment vous pouviez connaître autant de choses ?

— Autrement dit plus que toi… Et cela te gêne parce que je suis par terre. Mais considère ceci : quelle que soit ma situation présente, j'ai déjà, compte tenu de mon âge, vécu au moins deux fois ton existence. Ne serait-ce pas curieux si je n'avais rien appris du temps ? Et puis autre chose : en tant que mendiant, n'est-il pas normal que je sois expert en générosité ?

— Vous n'avez pas toujours été mendiant, n'est-ce pas ?

— Naît-on mendiant ? Ou médecin ? Ou avocat ? Des gènes prédisposent-ils à être chef d'entreprise ou ouvrier ? Évidemment que je n'ai pas toujours été mendiant. Mais, de toutes mes expériences, je dois dire que c'est l'activité qui me donne le plus de satisfaction, le plus de bien-être aussi...

— Vous vous y connaissez donc en bien-être ?

— Si la connaissance vient de la pratique alors, oui, je m'y connais un peu. Mais c'est la théorie qui semble surtout être valorisée de nos jours. Les gens lisent des livres mais oublient de mettre en pratique ce qu'ils ont lu... N'est-il pas vrai ?

Au sourire espiègle du mendiant, Samuel comprit qu'il était visé par cette remarque. Il avait dû remarquer ses allées et venues avec les livres de la bibliothèque. Il tenta de se défendre :

— Il est possible de conjuguer les deux, non ? La théorie et la pratique ?

— Bien sûr, puisque cela n'a rien à voir ! On peut aimer la mer sans s'y être jamais baigné. On peut savoir quoi faire et choisir de ne rien faire.

— Ou ne rien pouvoir faire...

— L'homme peut toujours faire quelque chose, s'il choisit bien son niveau et ne se juge pas au regard des autres mais à la lumière et à l'échelle de ses propres valeurs. Le bien-être et le bien-vivre sont affaires de responsabilité et d'engagement personnels !

— D'accord, mais comment les définir ?

— Chacun les éprouve à sa manière, mais je crois qu'ils reposent essentiellement sur un esprit serein, sur l'ataraxie. Il ne s'agit pas à cet égard de faire le vide dans son esprit ou de se couper du monde, mais plutôt d'apprendre à mieux accepter les contrariétés naturelles de l'existence. La vie est dure à partir du moment où nous la considérons comme telle. Pour ma part, je préfère la considérer comme souple, comme une espèce de trampoline : ça monte et ça descend, mais c'est parce que je descends que je remonte. La sérénité est ainsi un sentiment très dynamique, basée sur un état de contentement pour ce que l'on est, ce que l'on a et ce que l'on fait. Laisse-moi te conter une histoire :

> Il était une fois un petit village africain. La source d'eau était située à quelques kilomètres seulement et les villageois, reconnaissant cette chance, vivaient dans la gaieté. Les femmes chargées d'aller puiser l'eau jouissaient d'un grand prestige : tous les jours, elles distribuaient la vie à la communauté. Salomé, très habile, se munissait de deux cruches : l'une était en parfait état mais l'autre, ébréchée, perdait de l'eau. Cette cruche, honteuse de ses fissures, lui demanda un jour :
> — Pourquoi ne choisis-tu pas une cruche plus performante ? Ne vois-tu pas que je gaspille de l'eau, que je ne remplis pas ma mission ? Quand j'arrive au village, je suis à moitié vide.
> — À moitié pleine plutôt, répondit Salomé, mais viens avec moi.
> Salomé prit la cruche sous son bras et l'emporta sur le chemin de la source :
> — Quand je rentre, je porte toujours ton amie à droite. Toi, je te porte à gauche. Maintenant regarde par terre.
> La cruche regarda. Sur le côté droit, il n'y avait rien d'autre que de la poussière. Mais sur la gauche, il y avait des fleurs…

— C'est une jolie histoire, reconnut Samuel.

— Et quel en est le message, selon toi ?

— Eh bien, que nos défauts s'avèrent parfois des qualités !

— Oui, mais aussi que nous sommes tous des cruches, ajouta le mendiant en riant, des cruches qui se focalisent sur leurs défauts et ne cessent de se comparer aux autres. Comment veux-tu dans ces conditions être serein ? Pourquoi ne pas plutôt nous pencher sur *nos* fleurs ? Pourquoi ne pas prendre la vie avec philosophie ?

Décidément, c'est ma semaine, s'amusa Samuel. *Mais qu'ont-ils donc tous avec leur philo ? Il y a une promotion ou quoi ?*

Le mendiant enchaîna :

— « *La philosophie est une activité qui procure, par les raisonnements et les discussions, la vie heureuse* », disait Épicure.[12] Connais-tu sa doctrine ?

— Privilégier ses sens et ses plaisirs ?

— C'est un peu plus subtil que cela. L'épicurisme, vois-tu, est une doctrine essentiellement morale. Elle repose sur l'idée que le bien est aisé à obtenir, tandis que le mal est facile à supporter.

— Première nouvelle !

— Cela surprend, n'est-ce pas ? Pour Épicure, le bien-être est facilement accessible dans la mesure où il ne dépend pas d'autre chose que de nous-mêmes : il naît de la connaissance de nos vrais besoins et de l'apprentissage de la pondération. En gros, tout le contraire de ce que promeut la société de consommation.

— Savoir se satisfaire d'un verre d'eau ?

---

12. Selon Sextus Empiricus qui le cite. Introduction de Jean-François Balaudé dans Épicure, *Lettres, maximes, sentences*, Livre de poche, 1994, p. 26.

— Par exemple. Mais Épicure ne dit pas pour autant qu'il faut rejeter le bon vin si celui-ci se présente. Il s'agit simplement de ne pas laisser ce bon vin guider ou dicter notre vie.

— Et comment les maux sont-ils faciles à supporter ?

— Essentiellement par l'action de la pensée. Une douleur physique peut être contrecarrée par un plaisir issu de l'âme, par une pensée positive, par la remémoration d'un bon moment...

— Ou par la distraction ?

— En effet, pendant que je discute, je ne vois pas le temps passer et j'en oublie mes douleurs aux jambes.

— Vous avez mal aux jambes ?

— C'est le problème de mon métier : je reste trop longtemps assis par terre. Il y a deux manières d'avoir mal aux jambes : trop marcher ou ne pas faire assez d'exercice. La santé se situe dans la modération et la prudence.

— L'ennui aussi...

— Non, pas si l'on se remémore les principes d'Épicure. Il est nécessaire de penser pour s'ennuyer, alors autant penser à autre chose ou bien penser à agir. Il n'y a jamais d'ennui dans l'action !

— C'est une théorie intéressante.

— C'est surtout une pratique ! La connaissance théorique ne suffit pas, il convient de mettre en pratique ! Tout le monde sait que la générosité est une vertu, mais seuls ceux qui donnent sont généreux. Les livres ouvrent des portes mais il convient ensuite de les franchir.

— Vous vous méfiez donc des techniques ?

— Disons plutôt que je les remets à leur juste place. Les techniques sont comme du terreau : elles permettent de limiter les imprévus et offrent un terrain propice à une dynamique positive. Le jardinier, c'est l'homme : il préfère le terreau à la terre brute car il souhaite de plus belles fleurs. Mais cela ne suffit pas. Il manque encore les conditions extérieures : du soleil et de l'eau en bonne quantité. Lorsque les circonstances sont favorables, la fleur pousse et le jardinier épicurien est heureux. Dans le cas contraire, le jardinier aura beau se répéter : « C'est une bonne terre, c'est une bonne terre ! », cela ne changera rien. Et si une fois les fleurs écloses, il se dit : « Comme je suis heureux, comme je suis heureux ! », qu'il prenne garde : la beauté est éphémère et les fleurs se faneront bientôt. Il ferait mieux de jouir de son jardin *hic* et *nunc* sans trop se poser de questions et laisser à la nature la place qui lui revient.

— Le bonheur serait donc dans le lâcher-prise ?

— Le bonheur n'est nulle part. Il est ainsi partout ! C'est une énergie qui circule au gré des circonstances. S'il est préférable d'être toujours prêt à l'accueillir, il serait vain de vouloir le contrôler. Si au moment d'embrasser une fille tu t'interroges : « Voyons un peu comment je suis heureux… », tu limiteras nécessairement ton expérience immédiate du bonheur. Ta réflexion te détournera du bonheur de l'action !

— Il convient donc de prendre les choses comme elles viennent ?

— Oui, mais à condition de mettre le maximum de chances de son côté en prenant le parti de l'action. Un homme qui se contente de lire des livres de jardinage sera-t-il jamais un jardinier ? Il sera certes moins affecté par les intempéries, mais il ne verra jamais aucune fleur s'épanouir. Se couper du monde afin de ne pas en subir les revers n'est pas une bonne stratégie : le bonheur requiert une prise de risque.

— Ah, ah, le bonheur a besoin de quelque chose maintenant ?

— Oui, mais d'une seule chose : il a besoin de la vie ! Il faut vivre pour être heureux !

— Et non pas être heureux pour vivre…

— C'est bien. Je vois que tu as compris. Ne passe donc pas trop de temps dans les livres ni dans la théorie, sois un bon vivant et tu seras un bienheureux !

La retraitée

— Bonjour Monsieur Trouville, nous vous attendions.

C'est bien cela le problème, pensa Jean-Jacques, *mon nom est trop connu. J'aurais dû demander à Antoine de mentir sur mon identité.*

— Après votre rencontre avec nos pensionnaires, accepteriez-vous de faire quelques photos ?

— Je ne vois vraiment pas ce qu'il y a à immortaliser...

— Cela nous ferait plaisir, c'est tout. Vous êtes une célébrité, vous savez...

Il ne s'en souvenait plus, mais il l'avait effectivement su. Durant des années, il avait été catalogué « Prince de la nuit » et pourchassé par les paparazzi. Le dévergondage de l'héritier Trouville était vendeur. Ce n'était pas de la presse people, c'était des presses *à people :* on pressait les célébrités pour en soutirer quelques révélations, on pressait les sentiments pour en extraire quelques larmes, on saupoudrait le tout de catastrophisme et de scandales et on donnait cela en pâture aux pauvres gens.

— Nous verrons cela plus tard. J'espère que vous n'avez pas révélé mon identité à vos pensionnaires.

— Non, rassurez-vous. D'ailleurs, c'est vous qui allez choisir. Préférez-vous un homme ou une femme ?

Il n'avait pas pensé à cela. Dans son esprit, les personnes âgées n'avaient pas de sexe. Ils étaient vieux, c'était tout.

— Cela m'est égal. Je souhaiterais juste pouvoir discuter.

— Bon, dans ce cas, il y aurait bien Madame Bonnot...

Il se laissa guider dans le labyrinthe de la maison de retraite et pénétra finalement dans une petite chambre inondée de soleil.

— Madame Bonnot ?

— Oui ?

— Bonjour. Je m'appelle Jean-Jacques Bordet. Accepteriez-vous de discuter un peu avec moi ?

— Je vous connais ?

— Non.

— Alors de quoi voulez-vous discuter ?

— De ce que vous voulez : votre vie ici, votre passé, votre famille ou les derniers succès du box-office, que sais-je ? Il n'y a pas besoin de sujet précis pour discuter.

— Et qu'est-ce qui vous fait croire que j'ai envie de discuter de ma vie avec un inconnu ? Ce n'est pas parce que je suis vieille que je n'ai plus de principes, vous savez.

— Écoutez, je suis désolé. Je n'ai pas l'habitude de ce genre de situations. Si je vous dérange, je peux très bien partir...

— Mais non, restez donc ! J'ai tout mon temps après tout. Et puis, vous semblez être un gentil garçon. D'ailleurs, votre tête me dit quelque chose...

— Je ne pense pas que nous nous soyons jamais rencontrés.

— Quelle importance après tout puisque nous venons de le faire ! Alors, qu'est-ce qui vous amène parmi nous ?

— Pour être honnête, l'idée ne vient pas de moi. C'est un mendiant un peu dérangé qui m'a conseillé de venir vous voir.

Enfin, pas vous personnellement, mais les personnes âgées en général. Et le plus étonnant, c'est que je me retrouve ici.

— Ah, vous êtes venu étudier les vieux...

— Oui, enfin non... Je ne pense pas que votre âge soit important. Il s'agit juste de votre situation...

— Ma situation ?

— Eh bien oui, dans une maison de retraite, sans beaucoup de contacts avec l'extérieur... Vous par exemple, votre famille vient-elle souvent vous voir ?

— Je ne souhaite pas parler de ma famille. Pour quelle raison croyez-vous que ce mendiant dérangé vous a conseillé de nous rendre visite ?

— Il disait que vous étiez des pédagogues de la vie.

— Alors je ne pense pas qu'il soit si dérangé que ça. Il n'aurait pas un chien noir par hasard ?

— Oui, en effet.

— Alors je comprends. Ce n'est pas la première fois qu'il envoie quelqu'un ici, vous savez.

La révélation fit à Jean-Jacques l'effet d'un choc. Comment ! Il n'était pas le premier ? Il sentit un sentiment de colère l'envahir : ce clodo s'était moqué de lui ! Il avait été manipulé ! Il imaginait la file d'attente des déboussolés de l'existence qui venaient rendre visite aux vieux, les standardistes qui rigolaient en se disant : « Encore un ! » et les personnes âgées, toutes au courant de la bonne plaisanterie...

— Quelque chose ne va pas ?

— Non, non, rien. Je pensais juste être le premier...

— Être le premier, être le meilleur... Voilà bien un mal récurrent à notre époque... Je connais votre mendiant : c'est un homme sage et précieux. Il n'y a pas trente-six recettes miracle, vous savez. Alors, parlez-moi un peu de votre vie ? Qu'est-ce qui ne va pas ?

Curieux retournement de situation ! C'est moi qui vais finalement parler de mes problèmes, pensa Jean-Jacques. Mais pourquoi pas après tout ? Qu'avait-il à craindre d'une personne qui allait bientôt mourir ? Et puis, si elle connaissait vraiment le mendiant... Le hasard était décidément extraordinaire !

— Dites-moi, saviez-vous que j'allais venir ?

— Que voulez-vous dire ?

— Vous me dites que je ne suis pas le premier et que vous connaissez le mendiant, alors je me demande si notre rencontre tient vraiment du hasard...

— Mais bien sûr que non ! Si vous n'aviez pas décidé de sortir de chez vous, vous ne m'auriez pas rencontrée, n'est-ce pas ?

— D'accord, mais il est quand même surprenant que vous connaissiez le mendiant...

— Surprenant ne signifie pas illogique. Vous pensez que le hasard est extraordinaire, mais le hasard est toujours *extra-ordinaire :* il sort nécessairement du cadre *habituel* de nos vies. Vous le croyez suspect parce qu'il survient en dehors de vos habitudes, mais n'est-ce pas plutôt cette routine qu'il conviendrait de considérer avec suspicion ?

— Euh... sans doute, bredouilla Jean-Jacques, un peu déboussolé par cette entrée en matière.

— Eh oui ! La vie regorge de surprises mais que ce soit une rencontre, une maladie ou une grossesse, tout ce qui nous arrive possède sa part de logique. Refuser la responsabilité de sa vie sous prétexte qu'on ne l'a pas choisie est une grossière erreur, vous savez. Commençons donc par la choisir, notre vie, et travaillons autant que possible à ne pas dépendre de la fortune, que celle-ci soit bonne ou mauvaise.

Et vlan ! se dit Jean-Jacques, *cette retraitée vient de me recadrer en beauté !* Mais de tous les exemples possibles, pourquoi avait-il fallu qu'elle choisisse celui de la grossesse, qu'elle appuie justement là où cela faisait si mal ?

— Il y a quand même des cas où l'on n'y est pour rien, protesta Jean-Jacques sur la défensive.

— Mais bien sûr ! Connaissez-vous une meilleure excuse que de croire que nous sommes victimes, que les astres ou les dieux nous sont défavorables ? Regardez ce qui se passe en Inde : des millions de personnes sont considérées comme intouchables, comme des parias, sous prétexte qu'elles auraient fauté dans une vie antérieure.[13]

— Cela leur permet de ne pas trop s'apitoyer sur leur sort...

— Cela permet surtout aux castes supérieures de continuer à bénéficier de leurs privilèges en toute impunité. Les superstitions sont encouragées car elles favorisent la docilité mais, en vérité, nous sommes nés sous le signe du berger, pas du mouton ! Évidemment, cette donnée se heurte au leitmotiv du système : vivre avec insouciance au jour le jour. Nous voulons tout, tout de suite, ne supportons plus d'attendre et sommes prêts à hypothéquer notre futur pour quelques instants de consommation compulsive ou de gloire éphémère...

— *Carpe diem.*

— Cueille le jour présent... Horace composa aussi ce beau poème :

> Bienheureux est celui qui possède le jour,
> Qui, sûr de lui, peut dire :
> Que m'importe demain, même si je dois mourir,
> Aujourd'hui j'ai vécu, à fond et sans détour.

— Oui, à fond la coke !

---

13. « *Les intouchables sont environ cent trente millions, soit quinze pour cent de la population indienne, auxquels il faut ajouter soixante-cinq millions d'authentiques aborigènes.* » (Marc Boulet, *Dans la peau d'un intouchable*, Seuil, 1994, p. 9.)

Jean-Jacques blêmit en réalisant l'énormité de ce qu'il venait de dire. *Je suis con ou quoi ? Ça y est, c'est foutu, elle ne peut que me reconnaître… Elle a forcément entendu parler de l'affaire…*

L'affaire… Sa carrière de noctambule avait brutalement pris fin avec la publication d'une photo. Une photo de rêve pour tous les professionnels du scandale mais, pour lui, un véritable cauchemar. On le voyait dans les toilettes, à moitié nu, en train de se défoncer à la coke. Les torchons s'étaient déchaînés. Stupéfiants ? Il avait pour le coup bien stupéfié sa famille. Son père avait dû intervenir pour couper court aux poursuites judiciaires. Cela aussi s'était ébruité et n'avait fait qu'amplifier le scandale. Il avait fallu plusieurs semaines pour éteindre l'incendie. Beaucoup plus avant que son père ne daigne lui adresser à nouveau la parole…

La retraitée le regarda pensivement, mais il esquiva son regard. *Elle a compris,* se dit-il, *mais elle a la délicatesse de ne pas me le balancer à la figure.* Après une minute qui dura une éternité, elle reprit la parole :

— Pensez-vous vraiment que ce soit là le message d'Horace, lui qui était un modèle d'équilibre et de tempérance ? Il est facile d'interpréter un propos hors de son contexte. « *Ils cachent leur débauche dans le sein de la philosophie* », disait Sénèque.[14]

— Je plaisantais, bien sûr, se rattrapa Jean-Jacques. Mais comment interpréter alors le *carpe diem* ?

— Eh bien, comme une ode à la vie. Il s'agit bien de jouir du moment présent et d'en connaître les plaisirs mais de façon naturelle, *sans détour* ! Il n'y a là aucune invitation à la débauche mais, au contraire, une invitation à la raison. C'est en soi, dans son esprit, que l'on peut et doit trouver son contentement et non

---

14. Sénèque, *La vie heureuse*, Mille et une nuits, 2000, p. 23.

pas à l'extérieur ou par le biais de substances chimiques. Je possède le jour, mais je n'en suis pas possédée.

— Beau principe, mais comment le mettre en pratique ?

— Vous voulez ma recette ?

— Eh bien oui, si cela ne vous dérange pas...

— Si cela me dérangeait, vous ne seriez plus là depuis longtemps ! Voyons... Voilà : « *Respecte et suis ta nature bonne.* »

— Excusez-moi, mais notre nature pourrait tout aussi bien être mauvaise, non ? Il m'a encore semblé voir quelques arguments dans les médias dernièrement...

— Vous croyez ? Alors dites-moi, que préférez-vous faire ? Sourire ou être en colère ? Embrasser ou bien vous battre ?

— Il arrive que l'on éprouve du plaisir dans la violence. Si quelqu'un m'insulte, je vais me réjouir de lui écraser le nez, par exemple.

— Oui, mais n'auriez-vous pas préféré qu'il chante vos louanges ou vienne s'excuser ? De toute façon, vous évoquez des phénomènes contingents alors que je vous parle de l'essence de l'homme. Peu importe ce que fait l'homme, il n'en demeure pas moins bon en sa nature profonde.

— Il y a bien des salauds tout de même !

— Qu'est-ce qu'un salaud ? L'est-on par nature – naît-on salaud, ce que je ne crois pas possible – ou bien le devient-on sous l'influence de circonstances malheureuses ? Dans les deux cas, n'aurait-on pas alors des circonstances atténuantes ?

— Je croyais que nous étions responsables de nos choix ?

— Bien sûr, mais seuls ceux qui prennent conscience de leur liberté accèdent à ce choix. Trop d'hommes vivent dans l'illusion du déterminisme. Personne ne leur a appris qu'ils pouvaient dépasser leurs conditionnements. La violence peut sembler légitime dans le sens où le système traite souvent l'homme comme du bétail, mais ce n'est pas avec la loi du talion que nous sortirons de l'engrenage. La solution réside dans l'amour, naturellement présent au cœur de notre humanité. Il n'est pas question d'aimer béatement tout le monde, mais il devrait être possible de les traiter avec une bienveillance de principe. « *Blâme le péché et non le pécheur* », dit le précepte.

— Facile à dire !

— J'en conviens. Mais n'est-ce pas la meilleure voie pour nous sentir mieux ? Peut-il y avoir cicatrisation sans pardon ? Une vie sera peut-être dure avec des cicatrices, mais elle s'infectera inévitablement avec des plaies. À nous de faire en sorte que notre regard soit le plus lumineux possible et retrouvons le goût de la liberté au grand air : être homme, ce n'est pas être constant ou parfait, mais libre et conscient de l'être. Et oui, mon garçon, en dépit des influences extérieures, nous sommes libres de refuser la haine et la violence !

Une mauvaise surprise

Samuel avait quitté le mendiant perplexe. La bibliothèque n'était-elle pas aussi un lieu de générosité et d'échange ?

« *Ne passe pas trop de temps dans les livres ni dans la théorie.* » Samuel n'avait jamais eu l'intention de devenir un rat de bibliothèque : cela n'était pas suffisamment rentable et il aspirait à une vie matériellement confortable. Mais était-ce bien là ce que le mendiant avait voulu dire ? N'avait-il pas plutôt souhaité le mettre en garde contre l'uniformisation qui sévissait aussi dans le monde des livres et des idées ?

Nous avions tendance à changer d'idée comme de chemise, mais tous ces lavages-rinçages-séchages de cerveaux étaient-ils écologiques ? À porter les idées les plus propres, ne portions-nous pas aussi les idées les plus repassées ? Et les idées aseptisées ne risquaient-elles pas de favoriser une moindre résistance aux virus ? La démagogie occupait déjà tellement de place !

Samuel réalisa qu'il avait enchaîné les ouvrages sans véritablement prêter attention aux exercices ou aux possibilités de mise en pratique. Il savait comment obtenir le succès, bien communiquer ou être heureux, mais il n'avait encore rien fait pour le devenir.

Il faudrait instaurer un système pour n'accéder aux théories suivantes qu'une fois assimilées et digérées les précédentes, se dit Samuel. Il faudrait des « maux d'estomac » dans le cerveau. Il faudrait limiter les emprunts en bibliothèque à un livre par semaine avec examen à la clé pour accéder aux suivants. Son *Petit Livre bleu* avait donc bien raison : un chapitre à la fois et des pages blanches pour réfléchir !

Il entra dans la bibliothèque :

— Bonjour Monsieur, je souhaiterais parler à Madame Persigny.

— Madame qui ?

— Persigny, la responsable de la bibliothèque.

— Je ne connais pas de Madame Persigny et c'est moi qui gère cette bibliothèque.

— Mais ce n'est pas possible, elle était là ce matin !

— Il y a généralement du monde dans une bibliothèque publique. Tout ce que je peux vous dire, c'est que cette dame ne fait pas partie de notre équipe.

Samuel mit quelques secondes à se remettre du choc : ainsi, ils étaient suffisamment motivés pour prendre de fausses identités. À moins que la bibliothèque ne soit dans le coup... Il osa encore une question :

— Dites-moi, connaissez-vous le *Petit Livre bleu* ?

— Nous avons beaucoup de petits livres bleus. Quel est le titre ?

— Je l'ai oublié, balbutia Samuel, de plus en plus troublé. Je suis un *lecteur,* vous savez.

— C'est formidable, Monsieur, mais vous n'êtes pas le seul ! Maintenant, si vous voulez bien m'excuser, j'ai du travail.

Samuel se retrouva seul, en proie au désarroi. Il essaya de se raisonner. D'abord, il devrait dorénavant éviter de parler du livre, cela ne le faisait passer que pour un imbécile. Ensuite, il devrait faire de son mieux pour prendre son rôle au sérieux et respecter les règles. Il les avait enfreintes en quelques heures et cela ne leur plairait certainement pas s'ils venaient à l'apprendre. Enfin, il savait où les trouver !

Cette dernière pensée le réconforta et il décida de retourner les voir. Il n'eut aucune difficulté à retrouver l'immeuble mais, quand il y pénétra, il pressentit une nouvelle désillusion. Et, en effet, le hall d'entrée était vide ; le vigile avait disparu. *Quelle bande de rastaquouères !* Il se rendit au troisième étage et frappa à la porte. Personne, naturellement, et la porte fermée à clé. Par le trou de la serrure, il aperçut que la pièce était complètement vide. Déménager n'avait pas dû leur prendre trop de temps.

Il redescendit et avisa la loge du gardien. Il sonna :

— Excusez-moi, Monsieur, je cherche Madame Persigny.

— Je ne connais pas ce nom.

— Elle m'a pourtant dit qu'elle résidait au troisième...

— Cet étage est inhabité. Les nouveaux emménagent dans une semaine et je peux vous assurer qu'il ne s'agit pas de votre dame.

— Je suis venu ce matin et il y avait un vigile à l'entrée.

— Qu'est-ce qu'un vigile pourrait bien faire à l'entrée ?

— Surveiller...

— C'est moi qui surveille ici et quand je dois m'absenter, comme ce matin, ce sont les locataires qui se surveillent eux-mêmes. Je doute qu'ils aient engagé un vigile pour cela...

— Non, bien sûr, j'ai dû me tromper d'immeuble. Excusez-moi...

— Je vous en prie.

— Euh... encore une chose, si, à tout hasard, vous croisez cette Madame Persigny, dites-lui que j'apprécie bien son livre et que je vais suivre ses recommandations. Elle comprendra.

Au moins comme ça, si le gardien était de mèche, *ils* sauraient qu'il avait accepté les règles du jeu. Mais peut-être avaient-*ils* déjà quitté le quartier, la ville, le pays ? Avec leur goût du secret, tout était possible. Non, *ils* allaient de toute évidence le laisser tranquille et, un jour, par un hasard qui n'en serait pas vraiment un, *ils* reprendraient le contact pour lui demander de devenir *acteur* et lui confier une mission tordue. Il découvrirait alors les rouages de leur organisation et pourrait déjouer leurs stratagèmes… Rirait bien qui rirait le dernier !

Le malade

Jean-Jacques se rendit directement à l'hôpital. Sur le chemin, il se remémora les propos de la retraitée et, à leur lumière, considéra la haine vivace qu'il entretenait envers ses parents depuis plus de vingt ans. Évidemment, ils avaient fait preuve d'une cruauté inouïe en lui interdisant sa relation avec la fille, en lui refusant l'enfant. Mais le temps de la cicatrisation n'était-il pas venu ? Allait-il leur en vouloir toute sa vie ? *Allez, il faut bien tourner la page. Vous étiez en définitive plus bêtes que méchants ! Un peu comme moi avec Hélène, d'ailleurs…*

Il arriva à l'hôpital et se dirigea vers l'accueil d'un pas léger. Voilà des années qu'il ne s'était pas senti aussi bien.

— Bonjour Monsieur de Trouville. Comment allez-vous ?

— Très bien, merci. Mais restez simple, je vous prie, il n'y a de particule ni à mon nom, ni à ma vie.

— Je tenais à m'excuser pour hier, je ne savais pas qui vous étiez…

— Ce n'est rien. Moi non plus, je ne le savais pas.

— Vous pensez bien que, sinon, je vous aurais laissé rencontrer nos malades…

Jean-Jacques avait horreur de l'obséquiosité, mais cela faisait partie des règles du « je », lorsque l'on était riche et que l'on avait été rendu célèbre, ne serait-ce que pour de mauvaises raisons. Il respira un bon coup et répondit :

— C'est très aimable à vous, mais vous avez eu raison d'appliquer votre règlement. Puis-je rencontrer un malade maintenant ?

— Oui, bien sûr. Nous avons pensé que Monsieur Pomol vous conviendrait, il est plutôt sympathique…

— Reçoit-il des visites ?

— Oui, de temps en temps.

— Alors je préférerais rencontrer quelqu'un d'autre. Quelqu'un qui a moins souvent l'occasion de parler.

— C'est que nous lui avons déjà annoncé votre visite et Monsieur Pomol se réjouissait à l'idée de vous rencontrer…

— Eh bien, il se réjouira de peut-être me rencontrer un autre jour. L'espoir fait vivre, n'est-ce pas ? Je souhaite rencontrer quelqu'un en tout anonymat, vous comprenez ? Alors, avez-vous un patient un peu isolé à qui je pourrais rendre visite ?

— Attendez… Oui, c'est possible. Mais il s'agit de quelqu'un qui souffre et cela ne sera sans doute pas très amusant.

— C'est ce que je me disais en entrant chez vous, cela ne ressemble pas à un parc d'attractions ! Quel est son numéro de chambre, je vous prie ?

— Je vous accompagne.

— Ne vous donnez pas cette peine. Vous avez du travail.

— Troisième étage. Chambre 313. Monsieur Dunez.

— Merci. J'ai jusqu'à 19 h 30, c'est cela ?

— Un peu plus tard même, si vous le souhaitez.

— Cela conviendra parfaitement. À tout à l'heure !

Jean-Jacques quitta le hall en souriant : cette fois, c'est lui qui avait remis la réceptionniste à sa place ! Le renversement de situation était cocasse...

Il frappa à la porte 313, mais personne ne répondit. Il frappa à nouveau, un peu plus fort. Toujours rien. Il entra avec précaution et se dirigea vers le lit.

— Monsieur Dunez ? Monsieur Dun...

— Qui êtes-vous ?

Jean-Jacques sursauta. Il s'attendait à trouver le malade endormi et voilà qu'il lui aboyait dessus. Un vrai bouledogue.

— Bonjour Monsieur. Je m'appelle Jean-Jacques Bor...

— Vous êtes toubib ?

— Pas du tout, non.

— Ça ne m'étonne pas, les toubibs n'attendent pas de réponse avant d'entrer. Que voulez-vous alors ?

— Discuter...

— Encore plus anormal... Et pour quoi faire discuter ?

— Faut-il une raison ?

— Ben oui, on ne vient pas voir quelqu'un sans raison.

— Écoutez, je ne tiens pas à vous déranger mais je suis vraiment venu pour discuter. Cela peut vous sembler bizarre, mais je n'ai en ce moment rien de mieux à faire. Je le fais donc du mieux possible.

— Vous venez passer le temps, si je comprends bien ?

— Le temps ne passe-t-il pas tout seul ?

— Question temps, j'en connais un rayon. Que savez-vous du temps, Monsieur le Philosophe ? Avez-vous déjà souffert, seul, dans une chambre vide, avec le temps pour seul compagnon ? Avez-vous, lorsque le mal vous ronge, déjà compté les secondes en priant que tout s'arrête ? Moi, je rêve de la fin du temps, il ne m'a jamais rien apporté de bon.

— Vous souffrez ?

— Ils ne vous ont rien dit les « empaffés » de l'accueil ? Vous savez ce que c'est que d'avoir un cancer ?

— Dites-le moi...

— C'est une espèce de sangsue qui vous bouffe de l'intérieur. Et on ne peut rien faire ! Le soi-disant miracle de la médecine moderne ne peut rien faire ! Vous savez combien de temps me donnent les blouses blanches ? Quelques mois à peine. Ah, les sangsues !

— Je croyais que vous souhaitiez que tout s'arrête ?

— Moi oui, mais cela leur ferait trop plaisir. Je ne me laisserai pas faire, ils m'ont condamné à mort mais je vais tenir bon...

— Vous avez raison, il y a de nombreux cas de guérison du cancer, vous savez. Regardez Lance Armstrong, cancer des testicules et sept victoires au Tour de France.

— Des testicules... Vous me faites rire... Je n'ai pas un cancer de dopé, moi ! Généralisé qu'il est mon cancer ! La totale, le gros lot ! C'est tout mon corps qui se fait bouffer...

— Vous faites les choses en grand.

— Oui, mon gars, je vois grand, je terminerai ma vie en beauté. Ma maladie sera mon chef-d'œuvre. Je ne leur laisserai rien à réutiliser à ces salopards !

— C'est pourtant agréable d'être utile aux autres !

— Arrêtez de vous foutre de ma gueule. Vous êtes curé ou quoi ? Qu'est-ce que les autres ont fait pour moi, hein ? Je vais vous dire, la seule chose positive avec les autres, c'est que je n'ai plus à les supporter ! Mais c'est ça, vous êtes une espèce de curé, n'est-ce pas ?

— Je ne suis même pas sûr d'être croyant.

— Comment peut-on l'être à voir toutes les saloperies qui se passent dans ce foutu monde ? Dieu est amour qu'ils disent ? Ouais, blabla... c'est surtout aux enfants qu'ils le prêchent... juste avant de passer aux travaux pratiques !

— Vous exagérez, il y a aussi peu de pédophiles parmi les prêtres que dans les autres professions.

— Vous appelez ça une profession ? Faire la morale à un parterre d'imbéciles et condamner à l'enfer ceux qui ne pensent pas comme eux... Ils ne peuvent pas baiser alors ils essayent de baiser les autres !

— Vous avez une vision bien caricaturale...

— Attendez ! Où il est ce foutu Dieu dont ils parlent tous ? Et s'il existe, pourquoi a-t-il créé des choses aussi abominables que les sangsues ? S'il existe, c'est vraiment le plus grand des sadiques !

— Peut-être n'est-ce pas son rôle que de nous diriger ? Peut-être veut-il nous laisser notre liberté ?

— Quelle liberté ? Celle de turbiner à l'usine jusqu'à ce que les patrons vous foutent dehors ? J'ai bossé trente ans à fabriquer des casseroles. Et puis tout d'un coup, pouf ! plus rien. On ferme l'usine, RAS, vous pouvez dégager ! Tout ça parce que des Chinetoques acceptent de se faire encore plus exploiter... La société est vraiment dégueulasse. Quand je pense que les gens préfèrent économiser deux balles pour une casserole fabriquée dans des conditions inhumaines plutôt que d'aider des ouvriers comme nous... On se contrefout de la valeur du travail aujourd'hui : on achète parce que c'est pas cher ou parce qu'on l'a vu à la TV. Les gens sont même prêts à bouffer de la merde pour se payer des godasses à logo...

— Et que suggérez-vous de faire ?

— C'est tout con, mais il faudrait mettre des drapeaux sur nos produits et favoriser la consommation nationale. Il faudrait aussi augmenter les prix des produits étrangers.

— Ça, je ne suis pas sûr que ce soit possible...

— Et pourquoi non ? Si on rajoute à ces saloperies leur coût social, la pollution du transport et un salaire potable pour les ouvriers de là-bas, on arriverait au moins au même prix que les produits d'ici. Avec la différence, on pourrait financer le chômage, l'écologie et même le Tiers-Monde !

— Oui, mais si c'est plus cher, il y aura moins de consommation...

— Il y aura une meilleure consommation : plus de produits de chez nous et moins de chez eux.

— Et donc une guerre commerciale : ces pays refuseront ensuite d'acheter chez nous.

— Et pourquoi ça, puisque nous leur fourguons surtout des trucs de luxe et de technologie ? Ils ont plus besoin de nous que nous d'eux, mais nous sommes trop cons pour le comprendre ! C'est nous qui achetons leurs produits et leur donnons du boulot ! On baisse notre froc sous prétexte qu'ils sont plus d'un milliard et qu'il faut les équiper. On leur file notre technologie pour qu'ils puissent mieux nous entuber avec ! C'est qu'ils ne sont pas bêtes, vous savez. Rusés qu'ils sont ! Et trimeurs avec ça ! En plus, ils n'ont pas de scrupules puisqu'ils sont communistes. Vous avez vu ce qu'ils ont fait au Tibet ? Pourquoi faudrait-il mettre en péril notre économie pour aider ce régime-là ?

— C'est plus compliqué que ça...

— C'est toujours plus compliqué... mais ça devient trop compliqué. Il faudrait retrouver le goût des choses simples et du bon sens. Vous trouvez ça bizarre, vous, de consommer en priorité ce qui est produit localement ? C'est comme avec les étrangers, pourquoi ne pas les aider chez eux plutôt que chez nous ? Ce ne serait pas aussi logique ça ?

— Mais nous les aidons.

— Ouais, on aide les pays qui achètent nos armes ou représentent des débouchés pour nos entreprises. Quant aux autres, ils peuvent bien crever et ils ne s'en privent pas ! Vous avez vu ce qui se passe en Afrique ?

— Nous intervenons lors des catastrophes humanitaires tout de même.

— Ouais, on y va, avec six mois de retard, un avion de journalistes et des caisses estampillées aux couleurs nationales pour bien signaler à tout le monde combien nous sommes généreux. Des milliers de gosses ont déjà crevé mais tant pis pour eux, ils n'avaient qu'à être patients et plus médiatiques !

— Vous avez d'autres solutions ?

— Faudrait arrêter de confondre charité et humanitaire. Faut pas leur filer du poisson, mais les laisser pêcher en paix. Bien sûr, ça supposerait que nous arrêtions de piquer les poissons de leur lac, comme on l'a fait en Tanzanie[15], que nous acceptions de payer leurs matières premières à un prix potable[16] et que nous respections nos foutues règles du libre-échange, même quand elles sont parfois à notre désavantage.[17] Mais non, nous avons pris l'habitude de considérer le Tiers-Monde comme un réservoir d'esclaves et de trucs bon marché où nous pouvons puiser à volonté pour mieux garantir nos profits et leur fourguer nos surplus alimentaires.[18]

---

15. Voir le film *Le cauchemar de Darwin* d'Hubert Sauper, qui dénonce le trafic auquel se livrent les Occidentaux avec la « perche du Nil » du lac Victoria : poissons vers l'Europe, armes vers l'Afrique…

16. En 2001, les paysans vietnamiens ont vendu 4000 dong le kilo de café qui leur a coûté 8000 dong à produire. La chute des cours de café, qui arrange bien les comptes des industriels occidentaux, provient notamment de l'introduction massive de robusta vietnamien : + 1400 % de production en dix ans ! Or l'expansion de la production a été financée par un prêt de l'Agence française du développement…

17. Les États-Unis subventionnent massivement leur production de coton, empêchant les pays africains d'exporter leur production à un tarif convenable. « *Nos pays ne demandent pas l'aumône, pas plus qu'un traitement de faveur ni une aide* », a déclaré le Président du Burkina Faso, Blaise Compaoré, au Comité des négociations commerciales de l'Organisation mondiale du commerce en 2003. « *Nous exigeons seulement l'application des règles régissant l'économie de marché, conformément aux principes directeurs de l'OMC.* »

18. Ce qui dévalorise la production locale et maintient le cours des matières premières à un niveau bas. Et voici comment une aide alimentaire institutionnalisée aggrave la famine en Afrique… Selon Marcel Mazayer, professeur à l'Institut national agronomique : « *En décembre dernier, époque de la moisson, le blé de l'aide alimentaire américaine était vendu en Éthiopie 5 euros le quintal, alors qu'habituellement les paysans locaux vendent leur*

— Comment se fait-il que vous soyez au courant de tout ça ?

— Ben, grâce à la télé ! Je n'ai rien d'autre à foutre alors ça m'arrive de tomber sur des programmes intelligents.

— Je pensais que le problème de l'Afrique venait surtout de la corruption de ses dirigeants…

— Et de la fainéantise des Africains, c'est ça ? C'est bien pratique pour dormir sur ses deux oreilles ! L'Afrique est toujours aussi paumée parce que ça arrange bien notre business, un point c'est tout ! Vous parlez de la corruption, mais qui c'est qui a armé et mis en place bon nombre des dictateurs ? Nos idées démocratiques ont toujours beau dos lorsqu'il s'agit de garantir nos affaires. La vérité, c'est que la misère, ça rassure les puissants !

— Vous avez une vision bien machiavélique. Vous croyez vraiment que l'on s'amuse à jouer ainsi avec le feu ?

— On joue avec et on s'y brûle. Ben Laden a bien été formé par la CIA, non ?

— Certes, mais personne n'imaginait alors qu'il se retournerait contre l'Occident…

— Dresser des pit-bulls n'est jamais sans danger pour le maître. Surtout si, ensuite, il s'en lasse et les abandonne…

Jean-Jacques s'accorda un instant de réflexion. Oui, ce cancéreux n'avait pas totalement tort : le système renforçait les inégalités et prospérait sur la misère. La valeur financière d'une société n'augmentait-elle pas à chaque annonce de licenciements ? La bourse n'avait-elle pas surfé allègrement sur le tsunami

---

production à près de 17 euros […] Le nombre de pauvres exposés à la famine a ainsi augmenté, tout comme la dépendance du pays au soutien international. » Huit cents millions de personnes souffrent de la faim et les trois quarts sont des paysans qui ont été appauvris par la chute des prix agricoles. (Interview de Stéphane Benz, *Capital*, février 2003.)

asiatique ? *Il faudrait peut-être que je jette un coup d'œil sur mes affaires,* se dit-il en conscience. *Je participe sans doute aussi à cette gabegie...*

— Je vous remercie de m'avoir ouvert les yeux sur tous ces problèmes, reprit Jean-Jacques.

— Il n'y a pas de quoi, répondit le malade. J'attends avec impatience le moment où tout pétera !

— Comment ?

— BOUM ! Une bonne grosse explosion qui mettra tout le système à terre...

— Alors là, je ne vous suis plus, vous ne pouvez pas à la fois dénoncer la violence et l'appeler de vos vœux...

— Mais si, puisque c'est pour la bonne cause !

— La violence serait fondée à partir du moment où elle servirait vos intérêts, c'est ça ?

— Pas seulement mes intérêts, mais aussi ceux de tous les opprimés. Après tout ce qu'on a subi, c'est de la légitime défense !

— Mais quand tout cela s'arrêtera-t-il ? Quelle différence pour la balance du monde si les oppressés se transforment en oppresseurs ? Pourquoi ne pas rejeter une fois pour toutes la violence ? Comment réformer un système sans changer les règles du jeu, sans commencer par se réformer soi-même ? C'est un peu facile de s'en prendre à tout le monde, sauf à soi-même ! Qu'avez-vous fait, VOUS, pour améliorer les choses ?

Cette attaque soudaine atteignit le malade en pleine figure. Il en resta bouche bée. Il avait l'habitude d'être plaint ou ignoré, pas d'être bousculé. Son visage, qui s'était endurci au fur et à mesure de ses diatribes, s'assombrit d'une infinie tristesse. La tête baissée, il finit par répondre :

— Regardez-moi. La seule excuse qu'il me reste devant le gâchis de ma chienne de vie, c'est de me dire que ce n'était pas de ma faute. Et vous voulez m'enlever ce dernier réconfort ? J'essaie justement de ne pas trop penser à ce que j'aurais pu faire. Regretter, ça ne me sert plus à rien maintenant…

Jean-Jacques éprouva soudain de la pitié pour le malade. Certes, il avait eu raison d'évoquer le principe de responsabilité, mais il aurait sans doute dû y mettre davantage de forme… Il n'était décidément pas doué pour la diplomatie. Il tenta de se rattraper et adopta un ton plus doux :

— Mais condamner et accuser, cela ne vous sert à rien non plus. Quel intérêt y a-t-il à quitter le monde le cœur rempli de haine et de ressentiment ?

— Ben, ça me paraît évident, soupira le malade, comme ça, je suis content de le quitter. Ça ne peut pas être pire…

— La mort serait une délivrance ?

— Ben oui, si on ne croit ni à la réincarnation, ni à l'enfer…

— Mais il y a peut-être aussi un paradis… Vous y avez songé ?

— Oui, mais avec ce que je pense de Dieu, je n'ai aucune chance d'y aller…

— Sauf si ce Dieu décidait de vous faire changer d'avis. Ce serait le meilleur argument pour vous prouver qu'il est Amour, non ?

— Ça, c'est sûr. Vous croyez qu'il y a une petite possibilité ?

— S'il y a quelque chose après la mort, ce ne peut être que positif. Car Dieu connaîtrait alors nos faiblesses et leurs raisons et serait amené à nous pardonner. Sinon, il ne serait pas bienveillant et ne pourrait pas être Dieu.

— Oui, ça se tient, ce que vous dites. Je n'y avais pas pensé…

Pour la première fois depuis le début de leur conversation, Jean-Jacques vit poindre un soupçon de sourire sur les lèvres du malade.

— Voilà que vous me redonnez un peu d'espoir !

— Non, c'est vous qui vous en êtes donné. C'est vous qui choisissez.

— J'ai rarement fait le bon choix...

— Mieux vaut tard que jamais, non ? Au fait, je me rends compte que l'heure avance et je dois vous laisser ! Merci pour cet entretien, je n'ai pas été souvent d'accord avec vous, mais c'est ce qui rend les discussions intéressantes, n'est-ce pas ? Ce serait vous faire insulte que de vous souhaiter un bon rétablissement physique, mais je suis convaincu qu'il y a encore des possibilités du point de vue spirituel.

— Ouais, c'est ça...

Jean-Jacques se leva et s'approcha de la porte. Au moment où il sortait, le malade l'interpella. Il se retourna :

— Oui ?

— Merci.

Ce mot semblait surgir du plus profond de son âme. Il y avait été enterré en même temps que ses espoirs. Il resurgissait aujourd'hui et illuminait la pièce de son éclat.

— Merci à vous, répondit Jean-Jacques, et bienvenue à nouveau dans le monde des vivants !

LIVRE TROISIÈME

La métamorphose

La liberté de se réjouir,
De peu de chose avec plaisir.

Sous l'apparence, bien creuser
Aider la lumière à percer.

Cela le sage l'a saisi :
La vraie beauté vient de l'esprit.

« Règle de vie seconde », *Le Petit Livre bleu*

À l'école de la vie

Jean-Jacques arriva auprès de « son » mendiant à l'instant même où celui-ci terminait une discussion.

— Vous avez un nouveau client à ce que je vois...

— Je dirais plutôt un nouveau patient.

— Quelle différence ?

— Le client vient m'acheter un peu de générosité : il lance une pièce à la dérobée et il repart, sans un regard. Le patient est quelqu'un avec qui une communication s'instaure, qui fait preuve de patience. Celui-là est arrivé client mais est reparti patient.

— Grâce à vous ?

— Non, grâce à lui. Il s'est montré réceptif à mes propos...

— Je suis un patient alors, et vous, une sorte de thérapeute ?

— Je suis ce que tu souhaites que je sois... Confident, mendiant, ami, thérapeute, professeur, un homme libre, sage, fou... Il y a tellement de qualificatifs possibles !

— Fou, vous ne l'êtes sûrement pas !

— J'espère bien que si ! Et je suis sûr que tu m'as déjà envisagé de la sorte ?

— Oui, c'est vrai, admit Jean-Jacques, je l'ai dit mais je ne le pensais pas vraiment.

— Comment ? Tu m'as traité de fou, tu m'as discrédité devant témoin ?

— Oui, enfin, juste devant une personne, quand j'étais à la maison de retraite. Je ne savais pas très bien pourquoi je me trouvais là et comment l'expliquer. J'ai dit que j'avais suivi le conseil d'un mendiant un peu dérangé. Mais la vieille vous connaissait, alors cela n'a pas pris...

— Si je comprends bien, tu as utilisé ma folie comme prétexte à la tienne. Tu m'as insulté par lâcheté, parce que tu ne voulais pas assumer tes responsabilités.

— Mais puisque vous dites vous-même que vous êtes fou ?

— La folie est un concept tout relatif. Lorsque je dis que je suis fou, je sais très bien ce que ça englobe : la passion pour la vie, la liberté par rapport à la société, l'extravagance des expériences... Mais toi, quand tu dis que je suis dérangé, tu laisses entendre que je n'ai plus toute ma tête. C'est ça, non ?

Jean-Jacques ne savait que répondre. Bien sûr que c'était ça ! Ce mendiant avait beau être philosophe, il n'en était pas moins complètement loufoque.

— C'est la deuxième fois que tu craches dans la soupe, enchaîna le mendiant, et pourtant, tu reviens me voir...

— Écoutez, je suis navré mais je ne savais pas que cette retraitée vous connaissait. J'ai dit cela comme ça, sans réfléchir...

— Oh, mais bien sûr que tu y avais réfléchi, on ne traite pas quelqu'un de fou sans raison !

— Ou quelqu'un de raisonnable sans folie... Bon, je me suis excusé, non ? Pourrions-nous maintenant passer à autre chose ?

— Tu as encore du mal à admettre tes erreurs, n'est-ce pas ? Penses-tu que je m'acharne à te donner mauvaise conscience ?

— Je commence à le penser, oui.

— Alors c'est à mon tour de présenter des excuses. Je voulais juste te faire prendre conscience de la portée de tes paroles. Tu pensais que cette dame ne me connaissait pas mais, toi, tu me connaissais. C'est ma mémoire présente en toi que tu as bafouée. En m'insultant, c'est donc toi-même que tu as insulté. Seuls les médiocres insultent. Rappelle-t-en bien !

— Ça va, ça va, j'ai compris la leçon…

— C'est au maître de dire quand la leçon est terminée et non pas à l'élève…

— Je ne suis pas votre élève ! Non mais pour qui vous prenez-vous !

Jean-Jacques avait lancé cette réplique avec une violence qui le surprit lui-même. Cela faisait un moment que le malaise montait en lui, que la pression s'accumulait. En quelques jours, ce mendiant avait déjà réussi à prendre sur son esprit un ascendant considérable. *Quand je pense que je me suis même rendu deux fois à l'hôpital !* Il avait sans doute beaucoup appris, mais il était peut-être temps de reprendre les commandes…

Un silence un peu malsain s'établit. Le mendiant attendit que la tension retombe et poursuivit :

— Ne sois pas fâché, s'il te plaît. Je ne le suis pas, moi qui aurais pourtant de bonnes raisons de l'être… Que trouves-tu de péjoratif dans la notion d'élève ?

— Elle implique un rapport de force et de hiérarchie.

— Mais aussi de partage des connaissances, de développement, d'ouverture à l'autre, d'humilité… Certains jeunes pensent que refuser l'autorité, c'est faire preuve de maturité. Ils n'ont pas compris que les professeurs étaient là pour les aider à se développer…

— Leur bourrer le crâne plutôt !

— Tu reproches quelque chose au système éducatif ?

— Seulement d'être coupé des réalités de la vie. Pourquoi n'y enseigne-t-on pas comment communiquer en public, utiliser sa mémoire ou se motiver ?

— Mais c'est bien ce qu'il fait ! À quoi te servirait donc un cours sur la mémoire si tu ne l'exerces pas en apprenant tes leçons ? Qu'est-ce qui t'empêche de répondre aux questions ou de faire un exposé oral ? Et pourquoi ne pas utiliser le système de notation pour te motiver ? L'école offre un excellent terrain de développement à celui qui la considère comme tel.

— Mais de cela, l'élève n'en a pas conscience.

— L'école n'aura de sens chez l'élève que si l'on donne un sens à l'école et ça, c'est surtout le rôle des parents.

— Les miens étaient absents...

— Alors il est normal que tu en aies fait le moins possible. Car c'est pour nos parents le plus souvent, pour leur faire plaisir, que nous consentons à l'effort scolaire. Si nous nous écoutions, nous irions plutôt du côté des filles ou des jeux vidéo...

— Ça, c'est sûr.

— Les parents jouent donc un rôle essentiel pour élargir le débat de l'école et donner une perspective enthousiasmante à l'élève. De nombreux professeurs arrivent à remplir ce rôle, mais il ne faudrait pas trop compter dessus : leur fonction n'est pas tant d'élever les enfants que de leur transmettre un savoir et des connaissances. Que dirais-tu si je te servais un thé précieux dans une tasse remplie d'eau ?

— Je penserais que vous êtes fou.

— Décidément ! N'en va-t-il pas pourtant le plus souvent ainsi avec les connaissances : notre tasse mentale est tellement remplie de préjugés que tout ce que nous y versons déborde. Il est normal d'avoir des préjugés. Ce qui est nouveau, c'est la férocité avec laquelle certains jeunes s'y accrochent : le jeunisme de la société les a rendus bien trop arrogants et orgueilleux. À force d'entendre : « Comme tu as raison, mon petit chéri ! » de leurs parents ou : « Tu es le plus fort ! » des publicitaires, à force de voir des adultes essayer de les imiter, ils ont fini par croire qu'ils étaient omniscients et omnipotents. Dès lors, comment pourraient-ils encore respecter leurs professeurs ?

— Que faudrait-il faire, selon vous ?

— Peut-être pourrions-nous commencer par remettre chaque âge à sa place : les enfants d'un côté et les adultes de l'autre avec, au milieu, une barrière un peu plus haute et difficile à franchir. Il est normal pour les enfants d'essayer d'imiter les adultes, mais je trouve qu'ils y arrivent de nos jours un peu trop facilement.

— Les jeunes sont tout de même plus matures qu'autrefois, protesta Jean-Jacques.

— Ah bon ! Et comment mesures-tu cette maturité ? À une sexualité initiée par la pornographie, à une consommation téléguidée par les publicités, à des défonces induites par le mal-être ou bien à l'aune d'une sagesse et de réflexions ? Zapper le monde, ce n'est pas le comprendre. Réagir, ce n'est pas agir. Suivre les modes, ce n'est pas avancer. Être violent, ce n'est pas être fort.

Cela, Jean-Jacques voulait bien l'admettre. Il lui semblait toutefois indéniable que les jeunes démontraient une plus grande sensibilité aux problèmes du monde. Ils n'avaient pas encore baissé les bras, eux ! Et jusqu'à preuve du contraire, c'étaient toujours les adultes qui construisaient les armes, menaient les guerres et apprenaient aux enfants à y participer...

— Tu as raison, admit le mendiant. Avant de faire la leçon aux jeunes, ce sont nos vies qu'il conviendrait de réformer. Nous devrions leur offrir une autre perspective sur le monde.

— C'est-à-dire ?

— Un monde différent et ouvert. Différent de celui qu'ils voient à la télévision et ouvert sur d'autres valeurs que celles de l'argent, des paillettes ou de la jet-set. Et puis, nous pourrions aussi redéfinir un peu le cadre de ce que nous entendons par liberté.

— Mais s'il y a un cadre, il n'y a plus de liberté !

— Cette erreur d'appréciation est à la base du malaise actuel. Nous avons donné bien trop d'importance à ce mot, nous l'avons conjugué à toutes les formes de l'individualisme, en oubliant que notre liberté devait aller de pair avec celle des autres.[19] Ensuite, nous avons confondu liberté et absence de règles alors que la liberté exige au contraire le respect des règles. Que dirais-tu de jouer à un jeu de société sans règles du jeu ?

— Cela n'aurait aucun intérêt !

— Eh bien, il en va de même dans le grand jeu de la société : les règles et les lois nous rappellent que nous jouons à plusieurs.

— Mais qu'il n'y aura qu'un seul gagnant...

— Il n'y a pas un gagnant lorsque l'on joue, il n'y a alors que des gagnants : ceux qui ont pris du plaisir avec et non pas contre les autres. Mais cela aussi nous avons tendance à l'oublier : nous jouons de nos jours bien trop sérieusement ! Obnubilés par la réussite et la performance, nous sommes devenus mauvais joueurs. Le système demande à l'homme de se comporter comme un ordinateur qui ne se planterait jamais et irait toujours plus vite. Pas étonnant que les virus se multiplient !

— Il y a de toute évidence un problème de logiciel...

---

19. « *La liberté consiste à pouvoir faire tout ce qui ne nuit pas à autrui. Ainsi, l'exercice des droits naturels de chaque homme n'a de bornes que celles qui assurent aux autres membres de la société la jouissance de ces mêmes droits ; ces bornes ne peuvent être déterminées que par la loi.* » (Article IV du préambule de la *Déclaration des droits de l'homme et du citoyen* de 1789.)

— Je dirais plutôt d'incompatibilités, entre ce que nous sommes et ce que nous montrons, entre ce que nous aimons et ce que nous faisons...

— Il faudrait expliquer cela aux malheureux.

— Oui, mais attention à ne pas oublier les vertus de la tolérance : quelqu'un n'acceptera de changer qu'à la lumière de ses propres raisonnements. Tu peux l'aider à y voir plus clair mais, s'il ne t'a rien demandé, tu ne dois rien attendre de lui en retour. Nous ne devrions d'ailleurs jamais rien attendre d'autrui.

— Comment cela ?

— Si tu veux bien, nous en parlerons une autre fois : je commence à avoir faim et j'ai pour principe de toujours écouter mon estomac.

— Je vous invite au restaurant.

— C'est gentil, mais pas dans ton état. Tu n'es pas encore prêt à paraître aussi généreux. Tu risquerais de te prendre pour une vedette de la générosité et d'être aveuglé par tes paillettes. C'est dans son cœur plutôt que dans le regard des autres qu'il convient d'abord de s'apprécier. Voilà, je vais te laisser digérer tout ça... Bon appétit !

Le choc

Jean-Jacques réapparut avec deux sandwiches au bout de cinq minutes :

— Je ne savais pas ce que vous aimiez, alors j'ai pris ce qui me ferait plaisir : il y a du jambon de Parme et des crudités.

— Ne t'avais-je pas dit de manger de ton côté ?

— Vous ne vouliez pas aller au restaurant, alors nous n'avons qu'à manger ici.

— Qu'est-ce qui te fait croire que j'ai envie de déjeuner sur mon lieu de travail et que je préfère un sandwich à un restaurant ? En fait, je m'apprêtais à y aller…

— Au restaurant ? Dans cette tenue ?

— Eh bien, oui, au restaurant. Et je me serais évidemment changé avant. Bon, puisque tu es là, tu n'as qu'à m'accompagner. J'ai quelque chose à te montrer…

Le mendiant se leva et se mit en marche, le labrador à ses côtés. Jean-Jacques les suivait. *Eh bien, nous y voilà ! Après les conseils, la laisse… J'ai l'air malin comme ça à les suivre… Pourvu que je ne rencontre personne…* Ce trio improbable ne pouvait pas, en effet, passer inaperçu : il était rare de voir un loqueteux et son chien guider un « prince ».

Ils marchèrent une dizaine de minutes avant de pénétrer – *enfin !* – dans un petit immeuble.

— Comment se fait-il que vous connaissiez le digicode ?

— Ben, j'habite ici.

— Et ça se passe bien avec les locataires ? Je veux dire votre présence ne les importune pas ? Les gens sont tellement intolérants de nos jours…

— Il y en a bien quelques-uns qui se sont plaints auprès du concierge, mais je me suis arrangé pour les faire changer d'avis.

— Vous êtes allé les voir ?

— Oui et ça a été plutôt amusant. Il fallait voir leur tête lorsqu'ils se sont retrouvés en face de moi ! Un mendiant dans la rue, ils y sont habitués mais, sur le pas de leur porte, c'est une autre affaire !

— Qu'est-ce que vous leur avez raconté ?

— Que le gardien m'avait informé de leurs plaintes et que je venais m'enquérir de ce qui les dérangeait. Tant qu'à faire, j'ai enfoncé le clou en leur demandant si je pouvais entrer pour discuter et s'ils avaient un verre d'eau à m'offrir…

— Mais c'est du sadisme !

— C'est effectivement de la générosité un peu forcée… Quoi qu'il en soit, ils ont pour la plupart refusé de me laisser entrer, mais sont quand même allés en cuisine chercher un verre d'eau, tout en veillant du coin de l'œil à ce que je ne dérobe aucun de leurs bibelots.

— Entre nous, c'est compréhensible, non ?

— Mais non, voyons ! Pourquoi faudrait-il que les pauvres soient moins honnêtes que les riches ? La vertu ne s'achète pas à ce que je sache !

— OK, d'accord. Et qu'est-ce qu'ils vous ont dit ensuite ?

— Ils ont balbutié quelques excuses, ils ne savaient pas que j'habitais là, ne pensaient pas que le gardien était au courant… Ce genre de choses.

— Et tout s'est bien passé ensuite ?

— Absolument. Il y en a bien un qui a décidé de se plaindre auprès du propriétaire, mais il a alors reçu une lettre lui demandant de rendre l'appartement qui, de toute évidence, ne lui convenait pas.

— Vous êtes aussi de mèche avec le propriétaire ?

— Je suis le propriétaire. Voilà, nous y sommes. Si tu veux bien entrer…

Le mendiant poussa Jean-Jacques dans un bel appartement de près de 150 mètres carrés. Devant sa mine ahurie, il reprit :

— Tu m'excuseras pour le désordre, mais je n'avais pas prévu de visite aujourd'hui. Je comptais bien te mettre au courant un de ces jours, mais tu m'as un peu forcé la main avec tes salades et tes sandwiches…

— Vous habitez vraiment là ?

— Oui et je suis vraiment le propriétaire de l'immeuble. Bien sûr, les locataires n'ont pas encore fait le rapprochement : ils croient que j'habite dans une chambre de bonne. Et puis, face à un mendiant, la plupart des gens ne regardent que les habits. Une fausse moustache et une perruque et le tour est joué !

— Mais vous êtes riche alors ?

— Tout dépend de ce que l'on entend par « richesse ». Mais c'est vrai, je ne suis pas dans le besoin…

— C'est scandaleux !

Jean-Jacques était sous le choc. Ce mendiant-qui-n'en-était-finalement-pas-un s'était bien foutu de lui. Lui qui venait le voir en pensant accomplir une bonne action. Quel était l'intérêt d'être généreux si la générosité n'avait pas de sens ?

— Qu'est-ce qui est scandaleux, répliqua le mendiant ? Demander de l'argent quand on n'en a pas besoin ? Mais n'est-ce pas là ce que font la plupart des gens ? Nous voulons toujours davantage quand bien même ce que nous avons suffirait largement à notre bien-être ! Et les multinationales qui préfèrent altérer et souiller la planète plutôt que de réduire leur course à la croissance, ça n'est pas scandaleux peut-être ? Tout notre système est bâti sur cette logique aberrante du toujours plus !

— Mais vous faire passer comme vous le faites pour ce que vous n'êtes pas, ce n'est pas honnête !

— Toutes choses réfléchies, tu devrais être content que je ne sois pas dans le besoin. Sauf évidemment si tu ne donnais pas pour m'aider mais afin de soulager ta conscience.

— Mais vous abusez de la crédulité des gens, tout de même !

— Mais non, puisque je leur vends de la générosité. Tant qu'ils ignorent ma vraie situation, il n'y a pas erreur sur le service. D'ailleurs, tu as pu constater que je leur en donnais pour leur argent, non ?

— Vous faites du tort aux vrais mendiants...

— Même pas, puisque je leur reverse la quasi-totalité de mes gains. Je prélève juste une petite commission pour ma peine. D'habitude, quand on perçoit un revenu, il convient d'en reverser 5 à 10 % à des œuvres caritatives. Moi, je pratique la dîme inversée : 90 % pour eux et 10 % pour moi...

— Je ne connaissais pas cette règle. Il faut dire que je n'ai jamais réellement perçu de revenus...

— La plupart des salariés ne la connaissent pas non plus. Elle est pourtant intéressante à plus d'un titre. Au-delà de l'aspect purement humanitaire, elle permet de s'affranchir du pouvoir de l'argent en envoyant à notre esprit le message suivant : « J'en ai plus que nécessaire ! » Elle donne également un autre sens et une autre utilité à notre travail : je ne travaille plus uniquement pour moi, mais aussi pour les autres. Je crée doublement de la richesse.

— Mais si j'ai des dettes ou si j'ai du mal à joindre les deux bouts ?

— Alors il faut commencer par s'en sortir. Mais il ne faudrait pas trop différer car cette règle permet également de mieux gérer ses dépenses.

— Facile à dire lorsque l'on a de l'argent !

— Contrairement à toi, je n'en ai pas toujours eu. J'en connais donc la valeur dans toute son amplitude : coûteux quand on est pauvre, mais précieux si on est riche. C'est aussi pour garder les pieds sur terre et dépasser ma propre peur du manque que je me suis fait mendiant. Mendier des centimes aide à remettre sa propre fortune en perspective…

— Oui, mais s'il suffit de prendre l'ascenseur pour retrouver le confort !

— C'est vrai, mais tu serais surpris de constater comme l'habit monte à la tête. Lorsque j'enfile mon costume de mendiant, je me transforme : je deviens plus humble, plus timide, plus proche des autres et de la nature humaine… J'oublie qui je suis et d'où je viens. Pour celui qui le porte, l'habit peut très bien faire le moine !

— Mais pourquoi faites-vous donc cela ?

— Il y a plusieurs raisons, mais la principale est que cela me permet de faire passer des messages.

— Comme avec moi ou avec la personne de ce matin ?

— Exactement. Quoi de mieux qu'un mendiant pour parler de générosité ? Si je t'en parle confortablement installé dans un fauteuil, un cigare et un cognac à la main, comment pourras-tu m'accorder quelque crédibilité ? Tu rigoleras intérieurement et tu te diras : « Il est bien gentil de prôner la générosité, mais il ferait mieux de commencer par ses affaires ! » Et comment t'aurais-je convaincu de m'écouter ? Jamais tu ne te serais penché vers moi ! Nous sommes pleins de préjugés : un riche est forcément immoral et un pauvre forcément stupide. J'ai créé un personnage hybride qui attire par la compassion et retient par l'intelligence. On m'écoute parce que je ne suis pas menaçant et néanmoins intéressant. Du moins, c'est ce que j'espère…

— Et où avez-vous appris tout ça ?

— Mais au contact des autres et de la vie ! Il n'y a pas de miracle ni de science infuse. La vie répond simplement à ceux qui se posent les bonnes questions.

— Comme par exemple ?

— « Quelles sont mes priorités ? », « Quels sont mes rêves ? », « Suis-je en train de respecter mes vraies valeurs ? », « Ai-je mis suffisamment d'amour dans ma vie ? »

— Et il suffit de se poser les questions ?

— Oui, mais pas n'importe comment. Face à une question importante ou un choix majeur, il convient de poser le challenge par écrit et d'y consacrer le temps nécessaire. Prenons un exemple, que dirais-tu de devenir mendiant à ma place ?

— Quoi ? Vous en avez marre ?

— Disons que mes jambes commencent à souffrir de l'immobilité et que je pense avoir atteint mon objectif.

— Lequel ?

— Celui d'avoir rencontré une personne digne de me remplacer.

— Moi ? Et pourquoi moi ? J'ignore presque tout de la générosité et c'est vous qui m'avez appris le peu que j'en connais…

— Eh bien justement ! Cela te fera le plus grand bien et tu me dois bien cette faveur. Mais je ne souhaite pas te forcer la main. Quelle que soit ta décision, ce ne sera la bonne que si c'est la tienne. Promets-moi simplement de réfléchir sérieusement à ma proposition. Prends cette feuille et réponds aux questions posées. J'attends ta réponse demain à 9 heures. Voilà le code de l'entrée. Tu m'excuseras de ne pas te raccompagner, mais j'ai un rendez-vous dans ce fameux restaurant et je ne suis pas en avance… Bon vent !

Le choix

De retour chez lui, Jean-Jacques se remémora la surprenante semaine qu'il venait de vivre. On lui offrait la possibilité de passer du stade de rentier-propriétaire d'une douzaine de sociétés à celui de mendiant. Quelle promotion ! Son mendiant-qui-n'en-était-finalement-pas-un était fou, cela ne faisait maintenant plus aucun doute. Mais lui le serait-il suffisamment pour accepter la proposition ? L'aventure était tentante, mais il craignait de ne pas être à la hauteur. Il était autrement plus facile en ce monde de jouer le rôle du fort plutôt que du faible...

Il saisit la feuille que lui avait remise le mendiant-qui-n'en-était-finalement-pas-un. Comment donc devait-il l'appeler désormais ? Il ne connaissait même pas son nom. Untel était mendiant, médecin ou chef d'entreprise... Mais comment désignait-on quelqu'un qui se faisait passer pour ce qu'il n'était pas ? Un charlatan ? Un usurpateur ? Son mendiant accomplissait pourtant son activité avec professionnalisme !

D'ailleurs, n'étions-nous pas tous des usurpateurs à des degrés divers ? Ne vivions-nous pas dans l'illusion de l'être parfait qui travaillait encore à son amélioration ? Plutôt que de paraître, il faudrait bien pourtant un jour finir par être...

Pourquoi avions-nous donc autant de mal à dire : « Désolé, je ne sais pas », « Ce n'est pas de ma compétence » ou « Je me suis trompé » ? Le mendiant reconnaissait tout cela et disait aussi : « Je suis pauvre », « Je suis passif » et « J'ai besoin de vous ».

Le mendiant était l'antithèse du superman, de l'homme « modèle » qui croit contrôler et diriger son monde. Il était l'antinomique du développement. Il ne clamait pas haut et fort : « Regardez comme je suis performant, beau, riche et intelligent » mais : « Regardez comme je suis faible et, si vous le pouvez, aidez-moi ! » À y réfléchir, la figure du mendiant était emblématique de la condition humaine : un être bon mais plein de faiblesses, qui avait besoin des autres pour vivre et qui n'avait pas honte de l'admettre. En vérité, nous étions tous des mendiants en puissance, même si nous faisions tout pour nous persuader du contraire...

Jean-Jacques consulta la feuille de papier. C'était une photocopie avec pour titre : *« Faire le bon choix. »* Suivait une citation d'André Gide : *« Il n'y a pas de problèmes, il n'y a que des solutions. »* Les deux termes de cette alternative étaient ensuite inscrits :

> TERME 1 : Devenir mendiant et accepter l'épreuve de la pauvreté et de l'humilité.
> TERME 2 : Faire ce que j'ai toujours fait et obtenir ce que j'ai toujours obtenu.

À combien de personnes ce « questionnaire » avait-il déjà été délivré ? Le « mendiant » avait prétendu avoir trouvé en lui une personne digne de lui succéder, mais il lui avait remis un formulaire prêt à l'emploi, distribué peut-être à des centaines d'exemplaires. Peut-être y avait-il en ville une foule de mendiants-qui-n'en-étaient-finalement-pas. D'un autre côté, peut-être que tous, réflexion faite, avaient refusé la proposition. Être digne de lui succéder était peut-être simplement d'avoir le cran d'accepter cette folie...

L'exercice consistait, pour chaque terme de l'alternative, à faire la liste des avantages et des inconvénients et à les noter sur une échelle de un à trois. *« Que se passera-t-il si je fais cela ? Que se passera-t-il si je ne fais pas cela ? »* Jean-Jacques commença par réfléchir aux avantages de la situation de mendiant. Il n'y en avait pas beaucoup : la liberté, peut-être, ou la possibilité de révéler ou de « vendre » la générosité aux autres ?

Il y avait en revanche pas mal d'inconvénients : la pauvreté, la crasse, le froid, la violence de la rue, le regard des autres, l'impossibilité de faire des projets d'avenir... Sa notation était clairement en défaveur de la mendicité et, de fait, peu de mendiants exerçaient cette « activité » pour le plaisir...

Jean-Jacques remarqua qu'il n'arriverait jamais à se décider en procédant de cette façon. Il devait garder à l'esprit qu'il s'agissait d'une sorte de jeu de rôles, qu'il pourrait quitter à tout instant pour regagner son mode de vie habituel. Rassuré par cette perspective, il lista les avantages suivants :

> Vivre une nouvelle expérience : 3 points.
> M'ouvrir aux autres : 2 points.
> Faire plaisir à mon faux mendiant : 3 points.
> Relativiser mon ego : 3 points.
> Transmettre la générosité : 1 point. Il faudrait déjà voir si j'en suis capable?
> TOTAL = 12 points.

Le listing des inconvénients restait toutefois assez conséquent :

> Être agressé : 3 points. Cela arrivait sans doute fréquemment.
> Être embarqué par la police : 2 points. Cela aussi devait arriver.
> Être reconnu : 2 points. Peu probable mais désastreux si cela devait arriver !

Perdre mon temps: 1 point. Je n'ai de toute manière pas grand-chose à faire.
Ne pas supporter l'humiliation: 3 points. J'ai toujours été tellement «préservé»!
Ne pas être à la hauteur: 3 points. Je manque encore tant de sagesse!
Manquer de confort: 2 points. Et s'il pleuvait?
TOTAL = 16 points.

Pour ce qui était du second terme: « *Faire ce que j'ai toujours fait...* », les avantages étaient évidents:

Préserver mon confort: 3 points.
Préserver mon amour-propre: 1 point. Je n'en ai déjà plus beaucoup!
Continuer de discuter avec mon mendiant: 3 points. C'est quand même plus intéressant que de s'asseoir par terre!
TOTAL = 7 points.

Et les inconvénients aussi:

Laisser passer une occasion: 1 point. Je pourrais très bien le faire plus tard. Où est l'urgence?
La routine du quotidien: 1 point. Je n'ai pas besoin de cette expérience pour changer de vie. Est-ce que je ne viens pas de le démontrer au cours de cette semaine?
Décevoir mon mendiant: 3 points. Voilà bien le point fondamental!
TOTAL = 5 points.

Le calcul des points était assez nettement en défaveur de la mendicité. Jean-Jacques était déçu du résultat... Son raisonnement avait tranché contre l'idée d'un changement de vie aussi radical, mais il ressentait néanmoins le besoin de vivre autre chose... Son intuition le titillait. N'était-ce pas là l'occasion de faire le « grand saut » ? Son mendiant lui laisserait-il une seconde chance ?

Face à un résultat mitigé, il convenait de se demander s'il n'existait pas une solution intermédiaire. La mendicité n'était pas, après tout, la seule voie pour changer de vie !

Pourquoi ne pas commencer par redistribuer une partie de ma fortune, se demanda Jean-Jacques. *Mais serait-ce chose aisée ? Pas sûr...* La générosité des riches était considérée comme allant de soi. On l'attendrait au tournant...[20] Et puis, il n'avait aucune envie d'étaler sa générosité au grand jour. S'il donnait, il souhaitait le faire en tout anonymat. Son expérience à l'hôpital avait pourtant démontré que ce n'était pas si simple...

Non, la seule solution intermédiaire valable serait de prendre un peu plus de temps pour se former. Lorsqu'il en saurait plus sur la générosité, ses rencontres avec les autres en tant que mendiant seraient plus authentiques et tout le monde serait gagnant !

Jean-Jacques nota ainsi sa résolution : *« Devenir mendiant lorsque je me sentirai prêt et m'y préparer. »*

Satisfait, il se coucha. Après tant de réflexions, c'était à ses rêves qu'il allait confier les rênes de sa raison...

---

20. Les plus riches sont aussi les plus philanthropes. Bill Gates et Warren Buffet ont, par exemple, versé un total de 60 milliards de dollars à la Bill and Melinda Gates Foundation (www.gatesfoundation.org). En France, Liliane Bettencourt, l'héritière de l'Oréal, a versé 120 millions d'euros à la Fondation Bettencourt-Schueller (www.fondationbs.org). La palme d'or de l'altruisme est décernée à Odon Vallet, un enseignant de la Sorbonne, qui a légué tout son héritage (100 millions d'euros) à la Fondation Vallet. (Article d'Olivier Drouin, « Les Français les plus généreux », *Capital*, septembre 2006.)

Un rêve

Hélène est là, sous le porche, assise à côté du labrador, radieuse dans sa robe de mariée. Jean-Jacques passe auprès d'elle mais n'arrive pas à lui parler. Le mendiant l'en empêche : il lui dit qu'il n'est pas encore prêt, qu'il a des choses plus importantes à faire, qu'il doit davantage étudier. Finalement, après un temps indéfini, le mendiant monte dans une Ferrari et disparaît.

Jean-Jacques se précipite à la rencontre d'Hélène mais se retrouve nez à nez avec la retraitée, occupée à philosopher avec les malades de l'hôpital.

— Tu veux une discussion ? lui demande-t-elle.

— Non merci, répond-il, j'ai déjà reçu ma dose...

Il rentre chez lui. Antoine, son majordome, lui a préparé un dîner. Une immense table est dressée dans la salle de bains. Mais les plats sont trop chauds et le robinet d'eau froide refuse de s'ouvrir. Un plombier intervient : micro en main, il entonne un hymne à la gloire de l'eau courante...

Jean-Jacques mélomane, alors pris de panique,
s'engouffre dans sa chambre et découvre soudain :
étendue sur son lit – vraiment c'est fantastique ! –
Hélène, toute nue, sous un drap de satin.

Une ivresse sauvage irradie ses neurones.
Son cœur se met à battre au point de chavirer.
Dans le froid hivernal s'éveille une amazone.
Est-il seulement apte à lui laver les pieds?

Encore plus belle que dans ses souvenirs.
L'amour, c'est bien connu, ne se vit qu'au présent.

Il lit dans ses yeux clairs promesse d'avenir:
Ils vivront très heureux, auront beaucoup d'enfants /
d'amants / d'argent?

Elle se lève, approche et tend ses lèvres fines.
Une caresse simple, il sombre dans l'oubli.
Elles ont un goût de mangue et puis de mandarine,
pardonnent ses erreurs, absolvent ses délits.

Hélène s'impatiente et il accourt, ému,
sentant monter en lui la sève poétique.
Fier de pouvoir lui plaire et surtout d'être élu,
il improvise alors ce poème érotique:

Au milieu des roseaux, un étang printanier,
Mon désir est si grand d'y aller tout entier.[21]
Elle écoute et approuve, elle en demande encore,
alors il continue, ajustant ses accords.

La tendre fente humide accueille le trésor.
L'amant, hardi, balance sans cesse ses reins.
Profitons de la nuit pour les folies du corps.
Il n'y a pas ailleurs de plaisir plus divin.[22]

Puis toc, toc, toc, plus rien: Hélène évanouie!
Il se réveille seul, triste comme jamais.
Cendrillon balayée, dernier coup de minuit.
Piteux prince mendiant dans son conte défait...

---

21. Libre adaptation d'un extrait de *Chair enivrante*, de Li Zuowen (1146-1198), tiré du recueil de poèmes érotiques chinois du maître calligraphe Shi Bo.

22. *Ibid.* Libre adaptation d'un extrait de *Printemps au pavillon de Jade* de Zhou Bing, chanteuse (1043-1104).

La décision

Antoine avait frappé à la porte de la chambre pour lui rappeler son rendez-vous. « Son » mendiant l'attendait... Le cœur serré, Jean-Jacques abandonna Hélène à ses rêveries, avala son petit-déjeuner au pas de course et se précipita en ville.

Il le trouva assis à son bureau, un stylo à la main :

— Qu'écrivez-vous ?

— Ce qui me passe par la tête. Ça m'aide à faire le tri... Alors, quelle est ta décision ?

Sur ces mots, il se retourna et Jean-Jacques fut surpris – et aussi un peu vexé – par le visage juvénile de son mentor. C'était la première fois qu'il le voyait sans costume ni maquillage. Malgré la gravité de son regard, il ne devait pas avoir plus d'une trentaine d'années. Chose étrange, son visage non grimé lui sembla familier. Un vague air de famille...

— Alors, quelle est ta décision ? insista le mendiant.

— J'ai fait l'exercice que vous m'aviez conseillé, mais je ne crois pas être prêt. Je pense que le mieux est que j'attende un peu, le temps de me former...

— Fais voir ta feuille... Intéressant... On peut dire que tu n'as pas été très généreux avec les avantages. Mais ça paraît logique puisque tu n'y connais pas grand-chose. Par contre, tu n'as pas lésiné sur les inconvénients : être agressé, embarqué par la police, reconnu... Ton imagination a bien travaillé à ce que je vois. Tous tes arguments trahissent une chose très claire : tu as peur ! Et il n'y a qu'un remède à cela : l'action ! Dans l'action, tu verras rapidement qu'il n'y a pas grand-chose à craindre. Lorsque tu as fait le compte des points, qu'as-tu ressenti ?

— J'ai été déçu du résultat.

— Alors, c'est que tu dois te lancer ! Ta solution alternative : « *Devenir mendiant lorsque je me sentirai prêt et m'y préparer* » le prouve. Tu souhaites relever le défi mais tu as laissé tes émotions interférer dans ta décision.

— Mais comment faire puisque je n'y connais rien ? Vous l'admettez vous-même !

— L'un des atouts de la mendicité, c'est qu'on apprend le métier sur le tas. Il y a peu de livres sur le sujet et encore moins de professeurs ou d'experts pour nous dicter ce qu'il faut faire ou pas. À chacun son style !

— Mais vous, vous pouvez m'enseigner ?

— Et pourquoi le ferais-je ? Pour te complexer si tu ne fais pas les choses comme il faut ? Pour optimiser ton temps assis par terre ? Comprends bien une chose : je n'ai pas de temps à perdre avec toi ! Je ne vais pas passer des mois à t'enseigner ce que tu apprendras en quelques jours seulement en allant sur le terrain ! Je n'ai qu'un seul conseil à te donner : relève le défi ou abandonne, mais décide-toi maintenant !

Jean-Jacques réfléchit quelques secondes. Il ne lui laissait apparemment pas le choix. Mais n'était-ce pas plus mal ? Le choix était si souvent source d'embarras…

— C'est d'accord, trancha-t-il, mais à deux conditions. D'abord, vous me dites pourquoi il ne faut rien attendre des autres. Ensuite, vous restez près de moi les premiers temps.

— Je ne crois pas que tu sois en position de revendiquer quoi que ce soit. Tout ce que je fais, je le fais pour toi et tout ce que tu fais, tu le fais aussi pour toi. Mais je t'ai promis hier de répondre à ta question, alors soit ! Après quoi, ne compte plus trop sur moi, je dois m'absenter pour mes affaires.

— Mais comment vais-je m'y prendre ? demanda Jean-Jacques avec effroi.

— Ne t'en fais pas, c'est le premier pas qui est le plus difficile. Tu pourras toujours venir ici te changer et, si tu le veux bien, tu veilleras sur mon chien et mes plantes.

— Et si les locataires me disent quelque chose ?

— Nous sommes à peu près de la même taille alors je ne pense pas qu'ils feront la différence. Ceux qui m'ignoraient t'ignoreront, et ceux qui m'ont posé problème t'éviteront également, de honte. Si malgré tout quelqu'un te faisait une remarque, dis-lui simplement que je vais bien et que le gardien est au courant. Cela suffira à le rassurer.

— Et où dois-je m'installer ?

— Mais pourquoi pas à ma place ? C'est un excellent emplacement : proche d'ici, relativement protégé des intempéries et très passant. Tu y auras un superbe point de vue sur le monde !

— Mais les passants pourraient faire la différence et se demander ce qui vous est arrivé ?

— Ce serait formidable : ça signifierait qu'ils s'inquiètent pour les mendiants, que la générosité a porté ses fruits. Mais je ne me fais pas trop d'illusions.

— Et les personnes qui vous connaissent ?

— Eh bien, elles connaîtront quelqu'un d'autre ! Plus de six milliards d'hommes sur cette planète, alors pourquoi se cantonner à la même poignée de connaissances ?

— Il n'empêche que je ne sais pas ce que je vais bien pouvoir leur raconter ?

— Tu n'es pas obligé de rechercher la discussion au début, mais tu ne risques rien à le faire. Un mendiant ne peut pas tomber, il est déjà par terre ! La conversation s'en trouve libérée : tu n'as rien à prouver, rien à vendre, rien à paraître ! Tu peux même te permettre de dire n'importe quoi. Un mendiant est au-delà de l'extravagance. Il est libre !

— Et votre tutoiement, c'est pour choquer ?

— L'as-tu été ?

— Non. J'ai même trouvé cela amusant. Je me suis dit que c'était votre manière d'être.

— Cela me permet surtout de savoir à qui j'ai à faire. Ceux qui s'en offusquent ont souvent un problème d'ego : ils sont complexés et aspirent d'autant plus au respect de ceux dont ils s'estiment supérieurs. J'étais comme eux, il n'y a pas si longtemps...

— C'est comme avec la culture alors, moins on n'en a, plus on l'étale ?

— Oui. Les personnes matures se moquent pas mal du fait que je les tutoie.

— Vous me considérez donc comme quelqu'un de mature ?

— Pas vraiment. Au niveau relationnel, tu fais même preuve d'une naïveté et d'une maladresse touchantes, comme un enfant surprotégé et coupé du monde. Connais-tu l'histoire du Bouddha ?

— Vaguement. C'est un dieu, non ?

— On le considère parfois ainsi, mais c'était avant tout un homme. Il s'appelait Siddharta Gautama et était le fils d'un chef de tribu. Durant toute sa jeunesse, il vécut retranché dans le luxueux palais familial, à l'abri des misères et des intempéries du monde.

— Un peu comme moi...

— Eh oui ! Un jour, à 29 ans, il sortit de son cocon et rencontra la souffrance en la personne d'un vieillard, d'un malade, d'un mort et d'un moine mendiant. Ce sont ces quatre rencontres qui détermineront sa vocation : tout faire en ce monde pour éliminer les causes de la souffrance. Il abandonna sa famille, sa fortune et ses amis pour s'en aller à la recherche de la sagesse. Il apprendra, au terme de sa quête, que le renoncement à soi et la mise entre parenthèses des folles illusions de l'ego sont le meilleur moyen d'éradiquer la souffrance. Il finit par atteindre ce qu'on appelle le nirvana ou la félicité !

C'est extraordinaire, pensa Jean-Jacques, *c'est un peu ce que je suis en train de vivre. Incroyable !* Mais où tout cela le conduirait-il ? À la mendicité comme semblait le vouloir son ami ou bien à autre chose qui le dépassait ? La figure du mendiant représentait-elle l'avatar occidental du Bouddha ? Les similitudes de posture et de style de vie étaient en tous les cas troublantes...

— Et c'est cela que vous attendez de moi, que j'atteigne le nirvana ? demanda Jean-Jacques avec perplexité.

— Qui sait ? Les bouddhistes ne disent-ils pas que nous avons tous en nous l'essence du Bouddha ? Ce qui est sûr, c'est que nous pouvons tous devenir plus sages, plus sereins, plus généreux et plus heureux. Cela dit, je ne pense pas que tu sois encore assez tourné vers les autres, tu travailles surtout pour toi. C'est normal remarque et, dans un sens, c'est même indispensable : comment donner à autrui si l'on n'a rien pour soi, si l'on est soi-même malheureux ? C'est ce que dit Almustafa à ses disciples avant de les quitter : *« Rappelez-vous de moi ceci : je ne vous ai pas appris à donner, mais à recevoir. »*[23]

— Qui est Almustafa ?

— C'est le prophète imaginé par le poète libanais Khalil Gibran. Son œuvre fait partie des trésors de la littérature, des livres de sagesse que nous devrions tous lire et annoter régulièrement. Tu le trouveras dans ma bibliothèque...

---

23. Khalil Gibran, *Le jardin du prophète,* Mille et une nuits, 2000, p. 48.

— Merci ! Pourriez-vous maintenant répondre à ma question : pourquoi ne faut-il rien attendre des autres ?

— Non. Il n'en est pas question !

— Vous voulez dire pas maintenant ?

— Non, jamais. J'ai changé d'avis. Je ne te le dirai jamais !

— Vous m'aviez pourtant promis...

— Je sais mais les promesses n'engagent que ceux qui y croient !

— Franchement, je vous pensais au-dessus de ça !

— Serais-tu déçu par hasard ?

— Évidemment !

— Alors tu sais pourquoi il ne faut rien attendre des autres.

— Pour ne pas être déçu ?

— Exactement ! Il ne s'agit pas de mépriser autrui mais de le respecter en le laissant libre de toute attente. De multiples stratégies sont possibles avec le jeu d'ego mais la plus profitable, à mon sens, se résume à deux principes :

1. Se considérer comme semblable à autrui.
2. Considérer autrui comme unique et donc infiniment précieux.

— Mais n'y a-t-il pas contradiction entre ces deux principes ?

— Absolument pas ! Nous sommes tous semblables parce que nous sommes tous humains. Voilà qui invite à l'humilité. Et nous sommes tous uniques puisque nous avons tous une histoire et des circonstances de vie différentes. Voici la tolérance et le respect ! Dis-moi, comment traites-tu ce qui est unique ?

— Avec délicatesse.

— Eh bien, pourquoi en irait-il autrement avec autrui ? Y a-t-il plus rare qu'autrui ? Non et pourtant nous ne l'écoutons pas, nous l'interrompons sans cesse et nous l'oublions dès qu'il est parti. En clair, nous nous comportons comme des égoïstes dans le sens qu'en donnait Oscar Wilde : non pas vivre comme on le désire, mais *« demander aux autres de vivre comme on veut qu'ils vivent »*. Demander aux autres ou s'attendre à ce que les autres vivent selon nos propres critères, c'est cela l'égoïsme puisque cela revient à tout rapporter à soi !

— C'est vrai, concéda Jean-Jacques, mais il y a quand même des situations où l'autre exagère. N'est-il pas alors légitime de se mettre en colère ?

— Sans se laisser avilir, il est généralement plus sage de rester en retrait de la colère, de la relativiser.

— Comment cela ?

— Eh bien, en suivant notre principe : si je n'attends rien de l'autre, je lui reconnais nécessairement le droit de me dire parfois des choses déplaisantes ou injustes. D'ailleurs, si ça se trouve, l'autre ne voulait peut-être pas me fâcher mais me dire ce qu'il avait sur le cœur ? Refuser les critiques est la meilleure façon de les craindre. Nous ferions mieux de les accepter comme un cadeau que l'autre nous tend.

— Un cadeau !

— Admettons que tu aies de la suie sur le visage. Tu remercieras la personne qui te le signalera, non ? Eh bien, pourquoi ne pas faire de même avec nos défauts ?

— Mais parce que l'autre n'a pas forcément raison !

— Eh bien alors, à quoi bon se fâcher ? Soit il se trompe et je me dois d'en rire, soit il a raison et je me dois d'agir ! La solution est dans l'action et non la négation.

— Eh bien alors, pourquoi cette formulation par la négative : ne rien attendre de l'autre et donc prendre le risque de se couper de lui ! Ne vaudrait-il pas mieux recommander d'attendre de l'autre qu'il *soit* l'autre ? Si je m'attends à l'altérité, je ne serais pas déçu non plus, n'est-ce pas ?

Le mendiant sourit : son « disciple » faisait des progrès remarquables. Sa reformulation du principe était en effet plus juste, plus généreuse. Mal interprété, le « rien » aurait pu occasionner des dégâts...

— Tu as raison, répondit-il. Il convient toujours de se méfier des généralités.

— Toujours ?

— Décidément, il va falloir que je commence à réfléchir avant de te parler, enchaîna le mendiant en riant : tu es en train de devenir corrosif... De toute évidence, tu es tout à fait prêt pour me remplacer. Va donc te préparer ! Les vêtements sont dans ce placard et la salle de bains au fond à droite. Tu trouveras la fausse moustache et le maquillage dans le premier tiroir. Je te laisse les clés de l'appartement sur la commode. Si jamais tu devais t'absenter avant mon retour, confie-les au gardien. Ma chienne s'appelle Sagesse et, comme tu as pu le constater, elle est très obéissante et affectueuse.

— Vous avez appelé votre chienne Sagesse ?

— Les chiens se contentent de peu, vivent dans l'instant présent et témoignent de l'affection aux personnes qui les entourent. Si ce n'est pas de la sagesse, avoue que cela y ressemble...

— Oui, mais ils obéissent à leurs instincts et n'ont pas conscience de faire le bien...

— C'est moi qui l'appelle Sagesse, ce n'est pas elle qui se croit sage ! Bien sûr que les animaux ne pensent pas comme nous et, dans un sens, heureusement pour eux ! Tu imagines un chien qui, avant de sortir, se demanderait s'il va pleuvoir, s'il est assez séduisant pour attirer les femelles et s'il ne risque pas de se casser une patte ? Il sort, c'est tout et il est content de sortir. Et quand il rentre, il est content de rentrer. Il prend la vie comme elle vient et ne se lamente pas sur son sort. Bon, il faut que tu y ailles et il faut que j'y aille.

— Vous partez déjà ?

— Je sors et je suis content de sortir ! Il y a eu ce matin beaucoup d'idées qu'il convient maintenant d'aérer... Et puis, il est préférable que tu sois seul pour accomplir ta métamorphose. Mon regard pourrait tout gâcher.

— Comment cela ?

— En te rappelant qui tu étais avant ! Allez, bon courage et à un de ces jours, lorsque la vie en décidera...

La transformation

Jean-Jacques le regarda partir. S'agripper à lui n'aurait servi à rien : le temps du choix était passé.

Il se prépara avec minutie et ce ne fut pas le même homme qui sortit de la salle de bains. Physiquement, il semblait vieilli et légèrement voûté. Psychologiquement, ses craintes s'étaient atténuées au fur et à mesure de son travestissement : impossible qu'on le reconnaisse ! Il ne se reconnaissait pas lui-même... Il se sentait triste et misérable. Il avait craint de ne pas être prêt. Il craignait désormais de trop l'être...

Lorsqu'il sortit dans la rue, la lumière du soleil l'aveugla et il porta instinctivement son regard à terre. Telle serait dorénavant sa perspective sur le monde… Heureusement, il n'avait croisé personne dans l'immeuble : il aurait été incapable de dire quoi que ce soit. D'ailleurs, il ne se sentait même plus le droit de dire quoi que ce soit. Il avait craint de ne rien avoir à dire. Il craignait désormais de devoir dire quelque chose. Dans un état aussi lamentable, il n'aspirait qu'à se recroqueviller dans un coin en attendant que la nuit tombe et le dérobe aux yeux du monde. Pour la première fois de son existence, il expérimentait la honte et la timidité.

Je devrais peut-être m'acheter un peu d'alcool, se dit-il, *cela compléterait ma panoplie et inhiberait mes sentiments.* Non, il devait rester lucide pour vivre pleinement son expérience ; il n'était pas dans son intérêt de tricher. Recourir à la boisson n'avait de sens que chez les vrais mendiants : ceux-là avaient vraiment une tonne de misères à oublier !

Une fois installé sous le porche, Jean-Jacques réalisa qu'il avait faim. Et bien sûr, son argent se trouvait en haut avec ses affaires ! Un mendiant ne faisait sans doute pas la manche avec une carte de crédit Gold en poche, mais il aurait quand même pu penser à prendre ses papiers. S'il était embarqué par la police, il aurait du mal à prouver son identité…

Mais en avait-il encore une, d'identité ? Aux regards des passants, ce n'était pas si sûr. Il ne s'attendait pas à ce que l'attitude des autres change aussi brusquement. Tout était auparavant dans l'indifférence : heureux anonyme parmi les anonymes… Maintenant, pour la première fois, il sentait une hostilité à son encontre. Car il n'y avait aucun doute possible : la majorité des passants le voyaient !

Il avait pensé que les badauds passeraient sans le voir mais, finalement, ils essayaient surtout de passer sans être vus. Un sentiment de honte se lisait sur leurs visages. Honte d'avoir plus et de ne pas partager, mais aussi colère vis-à-vis de ce mendiant qui leur révélait leur égoïsme et l'envers miteux du système économique... Il vit une femme s'empresser de prendre la main de sa fille :

— Ne vas pas par là !

— Qui est-ce ? demanda la petite.

— C'est un pauvre, répondit la mère en forçant le pas.

Et voilà comment Jean-Jacques le milliardaire devint un pauvre, via le regard des passants !

Cela faisait une demi-heure qu'il était à son « poste » et personne ne s'était encore arrêté. C'est vrai, il n'avait rien fait pour les attirer. Mais n'était-ce pas là le principe de la générosité : venir sans être appelé et donner sans être manipulé ? Gratuitement. Le geste pour le geste. Qu'avait-il dit déjà, son faux mendiant ? Ah oui ! « *On vient vers moi librement et on me quitte le cœur léger.* »

Pour le moment, les passants semblaient surtout libres de ne pas lui prêter attention. S'il se trouvait mal, combien de temps faudrait-il avant que quelqu'un ne vienne lui porter secours ? Pouvait-on vraiment mourir comme cela, d'indifférence ? Jean-Jacques réfléchit à toutes ces rumeurs qui circulaient sur les mendiants : les considérer comme des fainéants ou des alcooliques permettait de se justifier et de rentrer chez soi la tête haute.

Un autre mythe rendait bien service : donner favorisait la mendicité. Si personne ne donnait, le mendiant serait obligé de faire autre chose. Mais quoi ? Travailler, voler ou bien disparaître ? Si l'on suivait le raisonnement, les généreux créaient les mendiants de même que les vieilles dames, avec leur manie de jeter les miettes de pain, créaient les pigeons...

Le problème, qui avait échappé aux tenants de la responsabilité, est que le mendiant se fichait pas mal de ce type de raisonnement. Il ne voyait pas dans la pièce reçue la cause de sa déchéance mais un repas, une boisson, une chambre où passer la nuit. À tout prendre, il aurait sans doute préféré un métier, mais un métier ne se jetait pas à la dérobée en échange d'un « merci ». De tout temps et dans toutes les civilisations, il y avait toujours eu des mendiants. C'était cela le plus vieux « métier » du monde !

Les mendiants gagnaient-ils bien leur vie ? Impossible de vérifier – surtout lorsqu'on ne cherchait pas à le savoir – cette supposition était un autre argument bien pratique pour s'abstenir de donner. Jean-Jacques commençait, pour sa part, à avoir des doutes quant à cette affirmation. Toujours aucune pièce en une heure ! Évidemment, il n'avait pas choisi la situation la plus productive : marcher sur les mains tout en jouant de l'harmonica ou déclamer un discours larmoyant dans le métro lui aurait déjà permis de se payer un sandwich. Le revenu était proportionnel à l'effort, à la créativité ou à la déchéance et il ne bénéficiait d'aucun de ces trois attributs. Un mauvais mendiant ne pouvait être qu'un mendiant pauvre…

En tout cas, au début. Car à force d'être pauvre, le mendiant finissait par faire vraiment pitié et à être pris en charge. On attendait le dernier moment pour intervenir, dans le vain espoir qu'il rejoigne seul la surface, mais on intervenait. Parfois, la civilisation arrivait trop tard et cela faisait scandale : un mendiant était mort ! Les braves gens accusaient alors le gouvernement de ne pas avoir fait son travail : combattre le malheur jusque sur le pas de leur porte afin de leur éviter d'avoir à l'ouvrir ; financer la pauvreté afin de leur éviter d'avoir à donner…

Quel dommage de ne pas plutôt penser à ce que l'on reçoit, se dit Jean-Jacques. Pourquoi la société n'apprenait-elle plus à recevoir ? Pourquoi avions-nous perdu le goût de la reconnaissance et de la gratitude ? Est-ce parce que nous recevions tant de choses sans effort ? Est-ce parce que nous considérions tout comme un dû plutôt que comme une chance ?

Au bout d'une heure et demie de pensée vagabonde, Jean-Jacques attendait avec impatience le moment où il pourrait enfin faire preuve de reconnaissance. Comment pourrait-il faire autrement ? Les généreux étaient d'autant plus méritants qu'ils étaient peu nombreux. Cela méritait bien récompense.

Comment les remercierait-il ? « Merci M'sieurs, Dames » était trop quelconque. « Merci mon brave monsieur », trop théâtral. Il fallait que la formule plaise tout en étant respectueuse et percutante. Pourquoi pas celle-ci : « Merci pour l'espérance » ? Non, c'était trop intello. « Merci pour votre générosité » ? Pas mal, mais ça manquait d'originalité. Son orgueil le poussait à rechercher le slogan vedette, celui qui le ferait sortir du lot, qui le positionnerait dans la catégorie des mendiants compétents et professionnels.

Voyons voir… Qu'est-ce que les hommes aimaient le plus ? Eux-mêmes, évidemment ! Et que voulaient-ils ressentir ? De l'admiration… Il fallait leur donner de bonnes raisons de s'admirer. Ça y est, il avait trouvé ! Il leur dirait : « Merci. Merci d'exister ! » Y avait-il de plus beau geste que la générosité pour manifester son existence ?

Deux heures et toujours personne ! Heureusement que son manteau le tenait au chaud. C'était un vêtement ample et confortable, fait sur mesure pour ce type d'activité. N'y manquait que la poche secrète pour conserver ses papiers et cacher son salaire. À moins que...

Jean-Jacques découvrit une petite poche : elle était invisible au regard mais il semblait y avoir quelque chose à l'intérieur. Il tira sur la fermeture Éclair avec précaution et sortit un petit livre à la couverture bleue. Il l'ouvrit et tomba sur quelques lignes de texte, calligraphiées avec soin à l'encre rouge :

Pour Jean-Jacques Trouville, n° 4640
De la part de Samuel Deboud, n° 341

En espérant qu'il te sera aussi utile à toi
qu'il le fut pour moi. Affectueusement,
Samuel

P.-S. : Respecte les Règles de vie et nous
nous reverrons bientôt...

LIVRE QUATRIÈME

Les révélations

La liberté d'être patient,
D'offrir un peu de calme au temps.

Lâcher prise, laisser filer;
Contrariétés, les accepter.

Cela le sage l'a promis,
Faire du temps un bon ami.

«Règle de vie troisième», *Le Petit Livre bleu*

L'entretien

Samuel avait quitté Jean-Jacques avec un pincement au cœur. Il se souvenait de son premier jour dans l'habit de mendiant. Ils seraient satisfaits. Tout s'était à peu près déroulé comme prévu.

Ils avaient repris le contact près de quatre ans après lui avoir remis le *Petit Livre bleu* : Madame Persigny – la fausse bibliothécaire – avait débarqué un matin au siège de sa société, accompagnée d'une charmante jeune femme. Samuel était en réunion mais il avait immédiatement tout annulé pour les recevoir. Elle avait commencé par le féliciter pour ses affaires : sa ligne de produits de bien-être faisait sensation.

C'est vrai que ses affaires étaient florissantes. Tout avait commencé avec cette annonce, aperçue à la bibliothèque quelques jours seulement après avoir reçu le *Petit Livre bleu* :

> Recherche JH ou JF dynamique et concerné(e) par le bien-être. Entretiens tous les jours de cette semaine de 14 h à 16 h à la Maison du Bien-être.

Il connaissait la Maison du Bien-être[24] de réputation. Premier centre à avoir ouvert ses portes dans la capitale, il offrait sur trois étages les dernières techniques de massage et de relaxation. Ses publicités promettaient volupté, dépaysement et renouveau. La réalité était sans doute moins rose, mais quelle réalité ne l'était pas ?

Samuel s'y était rendu le jour même : pour une fois qu'il avait naturellement le profil d'un emploi, il n'y avait pas

---

24. www.maisondubienetre.com

à tergiverser. Il se rappelait sa première journée et son entretien comme si c'était hier…

Dès qu'il entra, il lui sembla accéder à un autre univers : un air frais aux subtiles notes de fleurs et d'agrumes emplit ses poumons ; une lumière tamisée, parsemée de petites flammes chantantes, lui caressa le regard ; des chants d'oiseaux et les clapotis d'une petite fontaine bercèrent son esprit… Tous ses sens l'invitèrent à l'unisson à se sentir mieux et il jugea sage de se fier à eux. *Un bon point pour les conditions de travail,* se dit-il.

Il s'annonça à l'accueil et fut dirigé vers le salon. Il n'avait pas lu les contes des *Mille et une Nuits* mais le décor y correspondait d'autant mieux. Ne manquaient que les dromadaires et les narguilés. Ces derniers avaient été judicieusement remplacés par de grands crus de thés et de cafés en libre-service.

Les clients qui se trouvaient là levèrent à peine la tête. Cela leur aurait demandé trop d'efforts, et leurs efforts étaient avec leurs habits : aux vestiaires ! À en juger par leurs peignoirs, ils étaient en transit entre deux services et semblaient apprécier leur prise en charge. Se laisser vivre n'était, il est vrai, pas trop difficile dans un cadre aussi paradisiaque. Le retour sur terre serait d'autant plus rude !

— Samuel Deboud ? Bonjour, je suis Antoine Larousso, le gérant de cette Maison. Veuillez me suivre, je vous prie.

Ils gravirent un étage et pénétrèrent dans un bureau. La fenêtre ouverte sur l'extérieur, sur la ville et les problèmes, aida Samuel à reprendre contact avec la réalité : il n'était pas là pour se détendre, mais pour obtenir un travail !

— Vous venez donc pour l'annonce ? demanda le directeur avec un sourire qui mit tout de suite Samuel à l'aise. Où l'avez-vous lue ?

— À la bibliothèque Victor Hugo.

— Fort bien. C'est la première fois que vous venez dans notre centre, n'est-ce pas ? Comment le trouvez-vous ?

— Je dois admettre que l'on s'y sent très détendu et que vous semblez prendre grand soin de vos clients.

— C'est l'idée de base en effet. Alors, dites-moi, que connaissez-vous de l'univers du bien-être ?

— Pour être franc pas grand-chose, mais je m'y intéresse beaucoup. J'ai ainsi lu pas mal d'ouvrages sur le sujet et je crois savoir que les massages y tiennent une place de choix.

— Et pourquoi à votre avis ?

— Eh bien, parce qu'ils détendent et apaisent les sens...

— Les sens jouent certes un rôle important, mais je ne crois pas que nous puissions bâtir un centre tel que le nôtre sur un principe aussi subjectif et hédoniste. Assimileriez-vous par hasard les massages à une sorte de prostitution ?

— Mais pas du tout, se défendit Samuel en rougissant.

— Je vous taquine, sourit le directeur. Vous ne seriez pas le premier à faire la confusion et la législation ne nous aide guère à clarifier les choses.

— Comment cela ?

— En nous empêchant de nommer les choses par leur nom ! Nous avons un réel potentiel thérapeutique, mais nous ne pouvons parler que de bien-être. Voyez donc ce que la loi nous oblige à indiquer sur nos plaquettes...

Samuel analysa le dépliant que lui tendit le directeur. À chaque présentation de massage, un astérisque renvoyait à une précision en bas de page :

> * Tous nos massages sont non médicalisés et non paramédicalisés. Il s'agit de soins de bien-être et esthétiques et non thérapeutiques.

— Ces quelques lignes font partie des vexations mises en place pour freiner le développement des thérapies alternatives, enchaîna Antoine Larousso. Et sous quel prétexte ? Simplement parce que les instances scientifiques ne parviennent pas ou ne souhaitent pas en étudier les actions et les vertus.[25] C'est bien gentil de donner le monopole des soins aux médecins mais pourquoi ne leur enseigne-t-on pas les thérapies naturelles ?

— Je ne sais pas, répondit Samuel, peut-être ont-ils déjà beaucoup de choses à apprendre ?

— De longues années d'études ne sont effectivement pas de trop pour étudier les risques que la chimie fait courir à l'organisme[26], reprit Antoine. Mais pourquoi la médecine occidentale se comporte-t-elle comme si elle avait un contentieux avec la nature ? Est-ce parce que, malgré tous ses efforts, les hommes continuent de tomber malade et de mourir ? Est-ce parce que la nature – au contraire des OGM – n'est pas brevetable et donc peu rentable ? Est-ce à cause des labos ?[27] Non, ce n'est pas demain que nous verrons les médecins proposer des huiles essentielles à la place de nos chères petites pilules…

— L'efficacité n'est quand même pas la même, osa Samuel.

---

25. *« Nier parce qu'on n'explique pas, rien n'est moins scientifique. »* (Henri Poincaré, homme de sciences, 1854-1912.)

26. Il y a 140 000 accidents médicamenteux par an (effet iatrogène) dont 9 % mortels. (*Science & Vie,* avril 2003.)

27. *« Le célèbre Vidal auquel ils [les médecins] recourent ne livre,* in fine, *que les informations données par les… laboratoires. Lesquels dépensent d'ailleurs entre 22 800 et 30 500 euros par généraliste et par an en frais de marketing, essentiellement en envoyant un visiteur médical. À l'autre bout de la chaîne, la presse médicale de formation continue est fortement dépendante de la communication des laboratoires. »* (Marina Julienne, *Science & Vie,* avril 2003.) *« Les laboratoires assurent 80 % du financement des agences chargées d'autoriser la commercialisation des médicaments. Ces mêmes laboratoires financent 98 % de la formation continue des médecins, et les campagnes de promotion les ciblant ne sont pas sans effet sur leurs prescriptions. Conséquence, extraite du rapport [*Médicament : restaurer la confiance, *publié par le Sénat] : « Lors de 74 % des visites médicales, les effets indésirables du produit sont passés sous silence. »* (Samia Dechir, *Marianne,* 24 juin 2006.)

— Vous avez raison, reprit Antoine avec un sourire ironique : l'action des médicaments est intrinsèquement limitée à une cible bien précise. Les prescrire à tout va ne peut que renforcer la virulence des microbes...[28] C'est peut-être profitable pour les industriels, mais c'est désastreux pour la santé publique !

— Que suggérez-vous de faire ?

— Le bon sens inviterait à n'utiliser la chimie qu'en dernier recours, lorsque les solutions naturelles ne sont pas disponibles.[29] Et pourquoi ne pas revenir aux fondamentaux et enseigner à ne pas tomber malade ? N'est-ce pas là la base même de l'enseignement d'Hippocrate ?[30] C'est aussi l'approche des médecines orientales : il y a peu de temps encore en Chine, on ne payait pas un médecin qui soignait car on considérait qu'il avait fait preuve d'incompétence en laissant la maladie s'installer.

— Le monde à l'envers !

— Ne serait-ce pas plutôt nous qui marchons sur la tête ? Privilégier la prévention aux soins médicamenteux qui affaiblissent le système immunitaire ne relève-t-il pas du bon sens ? Une personne en bonne santé n'a-t-elle pas moins de *chance* de tomber malade ?

---

28. « *Outre l'apparition de phénomènes d'antibiorésistance et la création de souches bactériennes mutantes redoutables [...], certaines molécules antibiotiques présentent une toxicité sévère [...] Les huiles essentielles, utilisées selon des normes précises, donnent lieu à des "effets secondaires bénéfiques" à l'ensemble de l'organisme, et la flore symbiotique [...] est respectée. Enfin, le système immunitaire voit son activité modulée dans le sens le plus favorable à la défense et à l'épanouissement de l'organisme.* » Comparaison en sept points entre les antibiotiques et les huiles essentielles, voir *L'aromathérapie exactement* de Pierre Franchomme, Roger Jollois et le Dr Daniel Pénoël, Éditions Roger Jollois, 2001, p. 256.

29. Si 5 à 6 % des malades doivent utiliser les « *thérapeutiques les plus puissantes même si elles peuvent être nocives* », 94 à 95 % des autres malades ont toutes les chances d'être guéris « *par des thérapeutiques naturelles, avec les plantes bien sûr, en traitement de fond ou même en traitement exclusif* ». (Dr Jean Valnet) Voir son livre *L'aromathérapie*, Maloine S.A. éditeur / Livre de Poche, 1990.

30. Le serment d'Hippocrate demande aux médecins de conseiller à leurs patients « *le régime de vie capable de les soulager* » et d'écarter d'eux « *tout ce qui peut leur être contraire ou nuisible* » (*Littré*). « *Que ta nourriture soit ton médicament et ton médicament ta nourriture* », recommandait également le père de la médecine.

— C'est tout le système qui serait donc à revoir...

— Oui et au regard des intérêts financiers en jeu[31], cela n'arrivera que si nous autres patients faisons clairement la demande d'une médecine plus douce et plus humaine. Tant que le fric primera sur le bien-être, la maladie sera malheureusement notre lot commun...

— Nous naissons déjà tous à l'hôpital, remarqua Samuel.

— Oui et dans une position bien peu naturelle...[32] Mais revenons à notre Maison. Nous avons donc deux types de visiteurs : des clients qui viennent pour le bien-être, le luxe et la volupté et des patients qui sont là parce qu'ils souffrent et cherchent des solutions qu'ils n'ont pas trouvées ailleurs. La gageure des hôtesses d'accueil est de parvenir à distinguer les clients des patients afin d'orienter ces derniers vers nos thérapeutes les plus compétents.

— Si je comprends bien, vous avez donc deux centres en un ?

— C'est cela, notre section « Café » regroupe les services de détente classiques tandis que la section « Thé » comprend nos différentes thérapies. Ce n'est pas là notre activité la plus rentable, mais c'est celle qui nous donne le plus de satisfaction. Nous sommes toujours contents lorsqu'un visiteur passe d'une section à l'autre. Quand un client devient patient, cela signifie qu'il a décidé de se prendre en main. Inversement, c'est qu'il a réussi à

---

31. En 2005, le marché pharmaceutique mondial a atteint plus de 600 milliards de dollars, en progression annuelle de 7%.

32. « *C'est à la riche civilisation française que nous devons l'existence de l'obstétrique moderne, la femme couchée sur un lit élevé. N'importe quelle autre position était inaccessible aux dames de la Cour royale, suralimentées, trop vêtues, soucieuses de soins, sédentaires et peu mobiles* [...] *Les médecins eux-mêmes ont fini par trouver naturel de compliquer ainsi l'acte naturel de la naissance.* » Dr Moyses Paciornik, *Redécouvert chez les Indiens : apprenez l'accouchement accroupi, la meilleure position, naturelle pour vous et votre enfant*, Pierre-Marcel Favre, 1982, p. 10.

franchir le fossé qui sépare la souffrance du plaisir. Cette direction est toutefois peu fréquente.

— Pourquoi cela ?

— À votre avis ?

— Prendre du temps pour soi serait considéré comme une perte de temps ?

— Peut-être bien, oui. N'est-ce pas là la définition du dictionnaire du verbe *s'amuser ?*[33] Mais il y a une autre raison, plus fondamentale : nos patients ne souffrent plus et cela suffit à leur bien-être. Ils n'ont plus besoin de nous.

— Vous avez en quelque sorte scié la branche sur laquelle vous étiez assis...

— Nous préférons dire que nous leur avons appris à s'envoler et cela nous réjouit : des oiseaux libres sont de bien meilleurs messagers que des oiseaux en cage. Quoi qu'il en soit, nous ne manquons pas de patients : le vivier des personnes en souffrance croît malheureusement de jour en jour. C'est pour cela que nous souhaitons nous diversifier et que nous recherchons un collaborateur. Que diriez-vous de nous aider à lancer une ligne de CD thérapeutiques pour la gestion du stress ?

— Des CD ?

— Et pourquoi pas des CD ? Si l'on admet que le stress vient du mental, n'est-ce pas à ce niveau-là qu'il conviendrait d'abord d'agir ? Le Dr Milton Erickson[34] a développé des techniques

---

33. *« S'amuser. Verbe pronominal. Se distraire, prendre plaisir, perdre son temps : s'amuser à lire. »* (*Petit Larousse illustré*, 1985.)

34. Psychiatre et hypnothérapeute de renommée internationale, le Dr Milton H. Erickson (1901-1980) a toute sa vie combattu ses propres maladies et notamment une poliomyélite qui le paralysa en partie. Ne pouvant utiliser efficacement une partie de ses sens et condamné par la médecine (à l'âge de 17 ans, il entendit le médecin dire à ses parents qu'il ne passerait pas la nuit), il se donna le défi de vivre, inventa diverses techniques compensatrices – dont la fameuse multi-évocation – et devint le père fondateur de l'hypnose moderne. Au passage, il révolutionna la médecine psychosomatique et l'idée que l'on se faisait de l'influence de l'esprit sur le corps. On estime qu'il a aidé 30 000 patients au cours de sa carrière.

auditives très efficaces et, au vu de toutes les pathologies liées au stress[35], je crois qu'il serait grand temps de les mettre à disposition du public. Alors, pouvons-nous compter sur vous ?

— Tout cela me semble passionnant, mais je ne sais pas si j'en suis capable. En vous écoutant, je réalise que je n'y connais pas grand-chose...

— Que vous y croyiez ou que vous n'y croyiez pas, vous aurez toujours raison ! La question est de savoir comment vous préférez vous considérer : comme un incapable ou comme un ignorant ? Ici, seuls les ignorants nous intéressent : eux seuls seront susceptibles d'apprendre ! Décidez-vous : vous n'aurez pas de seconde chance...

— Eh bien, c'est d'accord !

— Bravo ! Il va de soi que vous devrez d'abord faire vos preuves. Pour commencer, vous allez faire le tour de tous les services de notre Maison, du hammam aux bains en passant par nos différentes techniques de massage. Non, non, ne protestez pas : le bien-être et la santé sont chez nous obligatoires...

Et c'est ainsi que Samuel pénétra de plain-pied, mains, doigts et coudes dans le monde du bien-être. À dire vrai, son ascension eut quelque chose de surprenant. Il était doué, sans aucun doute, mais il y avait autre chose. Le soutien inconditionnel d'Antoine Larousso et son niveau de rémunération ne manquèrent d'ailleurs pas de susciter quelques jalousies...

Mais un jour, subitement, les marques d'attention cessèrent. À ses questions – Samuel se demanda s'il n'avait pas commis

---

35. *« Les études cliniques suggèrent que 50 à 75 % de toutes les consultations chez le médecin sont motivées avant tout par le stress, et que, en terme de mortalité, le stress est un facteur de risque plus grave que le tabac. »* (Dr David Servan-Schreiber, *Guérir*, Robert Laffont, 2003, p 18.) Le stress serait en outre la première cause d'arrêt maladie en France.

quelques impairs – Antoine répondit laconiquement qu'il n'avait plus rien à lui apprendre. Il le laissait libre de continuer avec eux mais, au vu de ses compétences et performances, il l'encourageait plutôt à « quitter le nid ».

Dépité, Samuel se décida alors à exploiter ce qu'il avait appris. Il prit son cerveau et ses idées et, avec l'aide de son carnet d'adresses, lança pour son compte une nouvelle gamme de produits de bien-être. Assez étrangement encore, son succès fut immédiat. Comme si Antoine lui avait sciemment fait de la place dans les rayonnages de ses distributeurs...

Et voici que quelques années plus tard, la fausse bibliothécaire réapparaissait. Il allait enfin pouvoir poser la question qui l'obnubilait depuis quatre ans...

Les réponses

— Est-ce vous qui avez placé l'annonce à la bibliothèque ? demanda Samuel, dès qu'ils furent confortablement installés.

— Oui, répondit la vieille femme, notre meneur a estimé que tu étais prêt.

— Votre meneur ? Je croyais que c'était votre conscience qui vous dirigeait ?

— C'est le cas. Il y a néanmoins un rang au-dessus de celui d'*acteur*...

— Lequel ?

— *Mendiant*.

— Mendiant ! Attendez, ne me dites pas que c'est le mendiant avec qui j'ai discuté une fois sur le chemin de la bibliothèque et que je n'ai jamais pu retrouver ?

— C'était bien lui. Il a pu mesurer directement tes progrès quant à l'application de la première *Règle de vie* et décidé de te mettre le pied à l'étrier.

— En mettant l'annonce ?

— En t'embauchant dans son centre.

— Quoi ! Ce mendiant, c'était Antoine Larousso, le Directeur de la Maison du Bien-Être ! Non, vous plaisantez ?

— C'est pourtant bien lui qui t'a reçu lors de ton entretien d'embauche. Tu ne l'as pas reconnu, alors que tu venais de lui parler dans la rue quelques jours plus tôt. Étrange, non ?

— L'habit et les circonstances étaient tellement différents... C'est fou. Complètement fou... Comment va-t-il ?

— Très bien et il te remercie de la saine concurrence que tu lui procures avec ta gamme de produits.

— Il m'a bien formé… Je comprends mieux maintenant pourquoi tout a été si vite. Ainsi, c'est à vous que je dois mon travail et ma réussite…

— Non, Samuel, c'est à toi que tu les dois ! Si tu n'avais pas donné satisfaction, Antoine n'aurait eu aucun scrupule à te rendre à tes lectures.

— J'ai quand même l'impression d'avoir bénéficié d'un traitement de faveur.

— Certes, peu de candidats se sont présentés pour le poste et l'annonce fut retirée du panneau aussitôt après ton départ de la bibliothèque.

— Quand je pense à la manière dont Antoine m'a traité tout au long de ma formation… Tant de sollicitude… Je comprends aujourd'hui…

— Eh bien, quoi ? N'est-ce pas la moindre des choses lorsque l'on intègre une entreprise que de bénéficier d'un soutien et d'une écoute ?

— Vous savez bien que c'était plus que cela…

— Bon d'accord, j'avoue que ta position de *lecteur* a un petit peu joué en ta faveur. Mais d'un autre côté, Antoine ne t'a-t-il pas rapidement incité à voler de tes propres ailes ?

— Si, et je n'ai pas trop bien compris pourquoi. Quel intérêt y avait-il à me former et à me laisser filer au moment où j'étais le plus productif pour l'entreprise ?

— N'as-tu pas encore compris que nous ne suivons pas une logique de production ? Quel intérêt Antoine aurait-il eu de te garder éternellement à ses côtés ? Et quel intérêt pour toi de t'assoupir dans la routine ? Ne valait-il pas mieux te laisser libre et indépendant ? Regarde ce que tu as accompli en à peine quelques années !

— Soit, mais j'ai là aussi l'impression d'avoir bénéficié d'un coup de pouce. Lancer une nouvelle gamme de produits prend normalement bien plus de temps…

— Tes produits étant bons et naturels, il n'y avait aucune raison d'en différer la diffusion. Le bien-être est un secteur trop neuf et trop fragile pour s'apeurer de la concurrence. C'est la synergie entre les divers produits qu'il convient en fait de promouvoir : plus il y aura de choix et plus les consommateurs seront tentés de se tourner vers autre chose que l'industriel. Et puis, Antoine n'est pas en manque d'activité, tu sais...

— Est-il toujours mendiant à ses heures ?

— Non, il a laissé sa place à un autre *acteur*. Aucun de nous ne joue le rôle de mendiant plus de quelques mois. Chacun doit pouvoir bénéficier de cette expérience.

— Drôle de position tout de même...

— Oui, mais tellement enrichissante. D'ailleurs, ce sera bientôt ton tour.

— Moi ? Non merci, sans façon !

— Ton refus nous décevrait beaucoup. Tu es libre de refuser, bien sûr, mais tu passerais du coup à côté de quantité d'autres règles de vie.

Samuel changea aussitôt de point de vue : s'il y avait d'autres règles, il ferait tout pour se les procurer ! Ce *Petit Livre bleu* avait tellement changé sa vie. Et puis, il leur devait bien ça...

— O.K., c'est d'accord, dit-il, mais je ne peux abandonner mes affaires plus de quelques semaines.

— Tu n'auras pas à les quitter : la mendicité ne t'occupera qu'à mi-temps. Le reste de la journée, tu seras libre de revêtir l'habit qui te sied le mieux. En cas d'urgence, tu peux aussi mettre la mendicité entre parenthèses : il ne serait pas raisonnable de laisser un mendiant se ruiner, n'est-ce pas ?

— Combien de mendiants y a-t-il ?

— Tu veux dire avec nous ? Tu découvriras tout cela au cours de ton expérience... Dans l'immédiat, nous avons une mission à te confier...

Samuel l'écouta lui exposer leur projet. Leur organisation avait complètement changé de stratégie et décidé de recruter dorénavant parmi les jeunes. C'est lui qui avait en quelque sorte donné le coup d'envoi. Si on voulait changer le système, autant s'adresser à des personnes dynamiques et pas encore trop *formatées*, des jeunes en recherche d'emploi par exemple. Il s'agissait de leur remettre le livre dans des circonstances un peu étranges et de les guider discrètement...

— Et pourquoi donc tant de mystères ? demanda Samuel.

— Mais pour intriguer les jeunes et les convaincre que nous sommes sérieux, voire dangereux... Cela ne nous amuse pas de leur inspirer de la crainte, mais c'est la seule méthode que nous avons trouvée pour les inciter à lire le livre consciencieusement. Ensuite, dès qu'ils commencent à appliquer les *Règles de vie*, ils réalisent que tout cela est pour leur bien et leur stress se relâche. N'en a-t-il pas été ainsi pour toi ?

— Si, tout à fait, j'ai vite compris que d'aussi belles règles ne pouvaient être transmises par des monstres sanguinaires. Il y aurait eu incohérence. Mais qu'advient-il de ceux qui enfreignent les règles ?

— Mais rien du tout ! Tu les as bien enfreintes et il ne t'est rien arrivé, que je sache ! Tu t'es juste senti ridicule...

— Oui, c'est vrai, je m'en souviens. Alors comme ça le « vrai » responsable de la bibliothèque était dans le coup ?

— Bien sûr, de même que le gardien de l'immeuble qui m'a transmis ton message. Nous avons toujours été auprès de toi, discrètement, pour observer tes progrès.

— Et si je n'en avais pas faits ?

— Les choses auraient évolué plus lentement. Compte tenu de notre objectif, nous n'avons pas d'obligation de résultat.

— Et où en est votre projet de remettre en cause le système ?

— Tu as dû constater une recrudescence des livres et des articles sur le bien-être et les scandales industriels : la chimie omniprésente[36], les cosmétiques nocifs pour la peau[37], les médicaments aux effets secondaires catastrophiques, la malbouffe, les pseudo-plans sociaux pour satisfaire la cupidité des actionnaires, les hypermarchés qui cassent les prix et les emplois[38]...

— C'est vous qui êtes derrière tout ça ?

— De manière indirecte... Les journalistes et les auteurs sont bien entendu indépendants, mais nous favorisons la tendance. Nous intervenons surtout en amont, au niveau de l'évolution des mentalités. À cet égard, nous avons d'ailleurs décidé, après les jeunes, de nous intéresser aux dirigeants d'entreprises. Là aussi, c'est toi qui seras le pionnier...

---

36. Sur les 100 000 substances de synthèse commercialisées en Europe, 3 % seulement auraient été soumises à des tests toxicologiques complets... En 2004, à l'initiative du WWF, des parlementaires européens se sont soumis à une analyse sanguine. Résultats : les chercheurs y ont décelé en moyenne une quarantaine de produits chimiques dont des résidus de pesticides retirés du marché depuis des années... Selon un rapport publié en septembre 2006, des produits chimiques ont été retrouvés dans les aliments consommés partout en Europe – aussi bien dans les produits laitiers que dans le poisson ou la viande. Voir le site www.wwf.fr.

37. Voir la liste des ingrédients nocifs pour la peau dans le livre de Rita Stiens, *La vérité sur les cosmétiques*, Leduc, 2005. « À *l'encontre de toutes les promesses publicitaires, les meilleurs produits de beauté sont encore les fruits et légumes et autres aliments frais* », conclut l'auteur.

38. On estime qu'un emploi créé en grande surface conduit à la disparition de 3 à 5 emplois ailleurs, généralement dans le petit commerce et chez les fournisseurs pressurés ou ruinés. Entre 1966 et 1998, le nombre de commerces de proximité en France a ainsi baissé de 58 %, tandis que la population augmentait de 30 %. Au niveau des stations-service, c'est encore pire... Voir le livre de Christian Jacquiau, *Les coulisses de la grande distribution*, Albin Michel, 2000.

La mission

Elle lui expliqua que Jean-Jacques Trouville était l'héritier d'un conglomérat comprenant plusieurs sociétés particulièrement agressives et dangereuses pour l'homme et l'environnement. Il n'était pas directement responsable puisqu'il se désintéressait de ses affaires, préférant mener une vie de dilettante. Il avait tout confié à des financiers, ceci expliquant sans doute cela. Bref, Jean-Jacques Trouville était l'exemple idéal pour illustrer leur théorie selon laquelle l'insouciance des hommes était en grande partie responsable du mal-être ambiant.

Pour illustrer ses propos, Madame Persigny fila une métaphore :

— Pourquoi penses-tu que les bébés qui, il y a deux générations, devenaient propres avant l'âge de deux ans, ne le deviennent aujourd'hui qu'à l'âge de deux ou trois ?

— Je ne sais pas, ils ont trop lu Freud ?

— Il y a peu de risques, la lecture aussi n'est maîtrisée que de plus en plus tard... Non, c'est surtout à cause de leurs couches.

— Leurs couches ?

— Oui, leurs couches, tellement perfectionnées qu'elles absorbent l'urine sans que les enfants ne se sentent mouillés. Pourquoi alors évolueraient-ils, pourquoi deviendraient-ils propres ? Ce n'est que lorsque les fesses sont mouillées que l'enfant sent une gêne et fait de son mieux pour éviter de la sentir à nouveau.

— Si je vous suis bien, plus les couches sont perfectionnées et plus il faudra mettre de couches ?

— C'est bien cela, les couches sont une solution de facilité qui nuit à l'apprentissage de la propreté. Ce pourrait aussi être le symbole de notre société molletonnée : la couche nous évite d'avoir à nous prendre en charge et nous donne l'illusion de la vertu. En vérité, la croissance n'est possible que si l'on accepte à la fois de faire des efforts et de commettre des erreurs. Trop de confort artificiel nuit au développement. C'est un peu comme si un papillon préférait rester une larve plutôt que de quitter son cocon. Tu te rends compte du scandale chez les insectes !

— Chacun est tout de même libre de son style de vie, non ?

— Évidemment, mais il est toujours dangereux d'être en contradiction avec sa nature. J'ajoute que, dans la position de Jean-Jacques Trouville, son dilettantisme affecte aussi des milliers de salariés. Encore le mois dernier, l'une de ses sociétés a licencié près de 400 personnes malgré des bénéfices records. Dans ces cas-là, un électrochoc est nécessaire et c'est ce que nous allons lui administrer par ton entremise : nous allons le former à la mendicité !

— Écoutez, je compatis tout à fait à la situation précaire de ces chômeurs, rétorqua Samuel, mais ce n'est pas une raison valable pour que je vous aide à manipuler ce type. Vos objectifs sont peut-être louables, mais je n'aime pas beaucoup vos méthodes...

— C'est tout à ton honneur. Il y a néanmoins une chose que tu devrais savoir au sujet de Jean-Jacques Trouville. Il y a vingt-trois ans, il a eu un fils. Un fils qu'il n'a jamais connu...

— Qu'insinuez-vous donc par là ?

— Ne fais donc pas cette tête, Samuel, c'est bien de toi dont il s'agit !

— Alors là, vous débloquez complètement !

— Pourquoi crois-tu que nous t'avons sélectionné ? Parce que tu étais un membre assidu de la bibliothèque ? Soyons sérieux... Réfléchis et tu verras que ce que nous te disons est vrai. Tes parents adoptifs m'ont assuré qu'ils t'avaient mis au courant. Bien sûr, vu ton jeune âge, ils ne sont pas entrés dans le détail…

— Vous connaissiez mes parents ?

— C'étaient de vieux et chers amis. C'est d'ailleurs moi qui leur ai suggéré de t'adopter. J'étais convaincue qu'ils s'occuperaient bien de toi.

— Mais vous, qui êtes-vous donc à la fin ?

— Je suis, Samuel, ta grand-mère maternelle. Ma fille – ta mère – n'a jamais réussi à accepter son rejet par sa « belle » famille. Très affaiblie psychologiquement, elle est morte peu de temps après t'avoir mis au monde.

La gorge serrée, Samuel encaissait. Son cauchemar amplifiait à mesure que la vieille accumulait les révélations… Mais à en juger par ses yeux remplis de larmes, la bibliothécaire – sa grand-mère – disait la vérité. C'était bien la première fois ! Partagé entre la colère et la pitié, il ne savait plus trop comment gérer la situation. Son ton fut néanmoins cassant quand il réussit à reprendre la parole :

— Et c'est pour cela que vous voulez vous venger de ce Trouville ?

— Ce Trouville, comme tu dis, c'est ton père, Samuel ! Comment pourrais-je lui en vouloir ? Il n'avait que 16 ans à l'époque et des parents castrateurs. Que pouvait-il faire ? Même à eux je n'en veux pas, ils se sont punis eux-mêmes…

— Et toute cette mise en scène pour me téléguider ?

— Tout ce que nous avons entrepris, dès que nous avons appris l'accident de ton père adoptif, c'est de t'aider à trouver ta place dans la vie active. Tu n'as pas eu à t'en plaindre, il me semble ? Aujourd'hui, nous t'offrons la possibilité de retrouver ton père biologique, tout en douceur et à distance. Il t'aime, vois-tu, même s'il ne le sait pas encore…

— Comment pouvez-vous l'affirmer puisqu'il m'a abandonné ?

— Pour cette question, je laisserai la parole à la jeune femme qui m'accompagne. Je te présente Hélène Trouville, la femme de Jean-Jacques. C'est aussi pour elle que nous sommes ici.

Hélène s'avança et lui tendit la main en souriant :

— Votre grand-mère dit vrai, mon mari m'a souvent parlé de vous. Pas de manière directe, bien sûr, mais il regrettait de ne pas avoir pu vous élever. Sa tristesse, en ces moments-là, ne faisait aucun doute et il en a toujours voulu à ses parents… Croyez-le ou non, mais, à mon avis, il a bien plus souffert que vous de la situation…

— Admettons. Mais vous, que venez-vous faire dans cette galère ?

— À cause de son éducation laxiste et de sa situation financière confortable, votre père souffre d'une grave tendance au laisser-aller. J'ai accepté son dilettantisme pendant un certain temps, mais comme rien ne se passait, c'est vite devenu mortel. J'ai essayé de le faire changer mais il se braquait et refusait tout effort. J'ai menacé plusieurs fois de le quitter mais il ne m'a jamais prise au sérieux. Je suis donc partie il y a quelques mois et j'ai demandé le divorce. Je pensais que cela suffirait pour le retrouver. Je sais qu'il m'aime, voyez-vous, mais il a trop l'habitude de la passivité pour agir et me rappeler auprès de lui… Je ne savais plus trop quoi faire ni penser jusqu'à ce que votre grand-mère me contacte.

— C'est vrai, reprit la vieille femme, et nous avons ensemble échafaudé un plan d'action de choc !

Elle lui expliqua que tout était prêt : Antoine – oui, toujours le même Antoine ! – venait de se faire embaucher comme majordome personnel de Monsieur Trouville. Il connaissait ainsi son emploi du temps et ses déplacements et les communiquerait à Samuel. Ce dernier, déguisé en mendiant, suivrait son père à distance et s'arrangerait pour entamer une discussion. Il était capital que leur rencontre ait l'apparence du hasard. Samuel devrait alors susciter suffisamment l'intérêt de son père pour qu'il revienne discuter de son plein gré. D'après Antoine, ce serait le cas : Jean-Jacques, depuis le départ d'Hélène, était dans une grande détresse morale.

— Cela risque d'ailleurs d'empirer car nous allons bientôt organiser la disparition d'Hélène. Nous allons lui annoncer rien de moins que son suicide ! enchaîna la grand-mère.

— Mais vous êtes complètement dingues, des sadiques ou quoi ? vitupéra Samuel. Comment osez-vous plaisanter avec des choses pareilles !

— Il ne s'agit pas de plaisanter mais de secouer ton père ! Côtoyer la mort permet de donner plus de valeur à la vie. Un proverbe arabe dit que « *pour bien aimer une vivante, il faut l'aimer comme si elle devait mourir demain* », mais je suis convaincue que cela fonctionne aussi *a posteriori*.

— Votre complot n'en demeure pas moins complètement tordu…

— Écoute donc la suite. Au cours d'une de vos discussions, tu recommanderas à ton père de se rendre au chevet d'un malade et d'un retraité. C'est moi qui jouerai le rôle de la retraitée et c'est Antoine qui se chargera d'organiser les rendez-vous. Ton père suivra ainsi le même cheminement que le Bouddha et accédera plus rapidement à la prise de conscience. Ensuite, dès que tu l'estimeras prêt, tu lui proposeras de prendre ta place, enfin… celle du mendiant ! Ce n'est qu'à ce moment que tu lui remettras le *Petit Livre bleu*.

— Pourquoi ne pas commencer par cela ? Ce serait plus simple, non ?

— Ton père n'est pas encore en état spirituel de le recevoir. Il faudra d'abord l'appauvrir, au sens figuré bien entendu, lui faire changer d'habit et d'habitudes avant qu'il ne soit capable d'accepter et surtout de mettre en pratique les *Règles de vie*...

— Et ensuite ?

— Ensuite, nous espérons que son expérience de mendiant combinée à la lecture du *Petit Livre bleu* lui permettra de reprendre le dessus et, par là même, de s'intéresser de plus près à ses affaires. Il rejoindra ainsi le cercle des patrons honnêtes et respectueux des autres, suffisamment puissants pour faire évoluer les choses dans le bon sens. C'est à ce moment-là que tu réapparaîtras pour lui expliquer notre organisation et le rôle que tu y as joué !

— Vous comptez tout lui révéler ? Comme pour moi ?

— Absolument ! Nous ne laissons jamais personne dans le mystère : nous ne sommes en rien une secte ! Et comme ton père possède aussi une imprimerie, tu pourras peut-être le convaincre d'écrire vos aventures respectives et de diffuser ainsi la sagesse du petit livre à plus grande échelle. Les idées sont tellement mieux acceptées lorsqu'elles proviennent de personnes riches et célèbres...

— Vous vous êtes enfin décidés à promouvoir le message du *Petit Livre bleu ?*

— Oui, nous avons finalement atteint la masse critique nous permettant de changer les règles du jeu. Terminé le secret ! Il convient désormais d'en parler, d'en parler le plus possible !

— Et quand devrais-je lui annoncer que je suis son fils ?

— Lorsque tu te sentiras prêt à le faire. Nous laisserons aussi à Hélène le choix du moment de sa « résurrection ». À toi de voir, en fonction des rapports que tu auras établis avec lui, si tu peux et surtout si tu veux, après tant d'années, lui faire un peu de place dans ton cœur. Fils naturel ou spirituel, ami ou mendiant, tu verras bien le lien que tu souhaites nouer avec lui le moment venu. Personnellement, je te conseillerais de ne pas brusquer les choses. S'apprivoiser prend toujours un certain temps…

SAMUEL DEBOUD

JEAN-JACQUES TROUVILLE

Le mendiant et le milliardaire

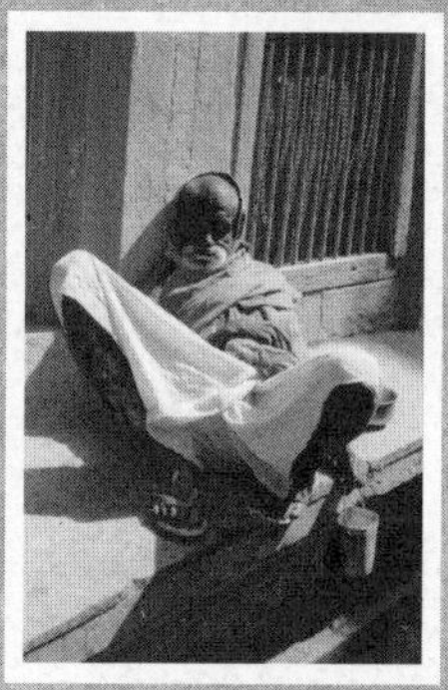

ÉDITIONS DE L'ESPOIR

Épilogue

— Bonjour Jean-Jacques.

— Hélène ? C'est bien toi ? Mais comment est-ce possible ? On m'a dit que tu étais...

— Morte ? Oui, je sais. C'est une longue histoire et nous aurons tout le temps d'en parler. Comment vas-tu ?

— Exceptionnellement bien depuis une minute. C'est incroyable, miraculeux ! Écoute, je m'excuse de t'avoir fait de la peine. Vraiment, je le regrette... Notre couple valait mieux que ça... Je suis sûr qu'on peut tout reconstruire... Peux-tu me pardonner ?

— C'est la première fois que je t'entends t'excuser... Tu n'imagines pas le bien que ça me fait, dit Hélène, les larmes aux yeux.

— J'ai changé tu sais, j'ai été amené dernièrement à beaucoup réfléchir. Je t'aime et je veux des enfants de toi, fonder une vraie famille. Me pardonneras-tu ? Peux-tu envisager de revenir ?

— ...

— Hélène ? Ça va ?

— Oh oui, ça va ! Ça n'a même jamais autant été !

— Mais tu pleures...

— De joie, Jean-Jacques, de joie d'avoir finalement réussi à te retrouver...

« Que reste-t-il de la vie,
excepté d'avoir aimé ? »

VICTOR HUGO

Le Petit Livre bleu

Les dix règles de vie

1.
Liberté d'être généreux,
De partager, rendre heureux.

À l'étranger, d'offrir son cœur,
Aux indigents, de ses valeurs.

Cela le sage l'a transmis,
Il recevra, sera guéri.

2.
La liberté de se réjouir,
De peu de chose avec plaisir.

Sous l'apparence, bien creuser
Aider la lumière à percer.

Cela le sage l'a saisi :
La vraie beauté vient de l'esprit.

3.
La liberté d'être patient,
D'offrir un peu de calme au temps.

Lâcher prise, laisser filer;
Contrariétés, les accepter.

Cela le sage l'a promis,
Faire du temps un bon ami.

[...]

Vous souhaitez découvrir les autres règles, ami lecteur ?

Vous désirez, comme Samuel et Jean-Jacques, obtenir un exemplaire du *Petit Livre bleu* ?

Vous ambitionnez, à l'instar de la bibliothécaire, de faire évoluer le paradigme de la société ?

Retrouvez l'univers, le programme et le projet du mendiant sur le site internet :

www.lemendiant.fr

Pour contacter l'auteur :
auteur@lemendiant.fr

La bibliothèque du mendiant

www.lemendiant.fr

Quelques autres livres « révélations »

Bakan Joël, *Psychopathes & Cie : la soif pathologique de profit et de pouvoir,* Transcontinental, 2004.

Coffe Jean-Pierre, *Consommateurs, révoltons-nous !*, Plon, 2004.

Cusin Jacques-Pascal, *La bio malmenée*, Éditions Jouvence, 2005.

Grün Hans, *Des arômes dans notre assiette : la grande manipulation*, Terre Vivante, 2004.

Hulot Nicolas, Matignon Karine-Lou & Comité de veille écologique, *L'impasse alimentaire ?*, Fayard, 2004.

Pignarre Philippe, *Le grand secret de l'industrie pharmaceutique*, La Découverte, 2003.

Souccar Thierry & Robard Isabelle, *Santé, mensonge et propagande : arrêtons d'avaler n'importe quoi !*, Seuil, 2004.

Ziegler Jean, *Les nouveaux maîtres du monde*, Fayard, 2002.

Quelques autres livres de « sagesse »

Comte-Sponville André, *Petit traité des grandes vertus,* PUF, 1995.

Parce que des vertus telles que la compassion, la tolérance, la générosité ou l'amour méritent bien un petit traité de philosophie contemporaine.

Lacroix Xavier, *L'avenir, c'est l'autre. Dix conférences sur l'amour et la famille*, Cerf, 2000.

Une lecture indispensable avant de s'engager dans la vie à deux.

Morgan Marlo, *Message des hommes vrais au monde mutant. Une initiation chez les aborigènes*, J'ai Lu, 2004.

Un livre sur la sagesse d'un peuple pourtant décrit par les premiers explorateurs occidentaux comme *« le plus primitif et le plus misérable à la surface de la terre »*. Les hommes vrais, ce sont les aborigènes et plus précisément les membres de la tribu wurundjeri d'Australie. Les mutants, ce sont nous, les Occidentaux qui avons muté jusqu'à ne plus écouter notre nature...

Saint-Exupéry Antoine de, *Le Petit Prince*, Gallimard, 1999.

Un incontournable pour tout âge mais surtout pour les *« grandes personnes qui aiment les chiffres »*.

Scheurmann Erich, *Le Papalagui, les étonnants propos de Touiavii, chef de tribu, sur les hommes blancs*, Pocket, 2004.

Ces propos furent publiés en allemand en 1920 contre l'avis du chef Touiavii, qui les destinait exclusivement à ses compatriotes polynésiens. Il fallut attendre le début des années 80 pour qu'ils paraissent en français et se diffusent vraiment en Europe et dans le reste du monde. Ils restent étonnamment d'actualité...

Schmitt Éric-Emmanuel, *Oscar et la dame rose*, Albin Michel, 2002.
L'une des plus belles histoires de ces dernières années.

Et aussi

Gandhi, *Tous les hommes sont frères*, Gallimard (Folio Essais), 2003.
Grün Anselm, *L'art de vivre en harmonie*, Albin Michel, 2004.
Kübler-Ross Elisabeth & Kessler David, *Leçons de vie*, Lattès, 2002.
Lozoff Bo, *La vie vaut la peine d'être vécue*, Le Jour éditeur, 2003.
Pradervand Pierre, *Découvrir les vraies richesses*, Éditions Jouvence, 1996.
Servan-Schreiber Jean-Louis, *Vivre content*, Albin Michel, 2002.
Sœur Emmanuelle, *Vivre, à quoi ça sert ?*, Flammarion, 2004.

Et encore, caché, dans un petit coin

Saint Girons Benoît, *L'alchimie du succès*, Dangles, 1997.
Un exemplaire dédicacé, obtenu directement via l'auteur.

Et ultérieurement

Saint Girons Benoît, *L'autre choix : choisir la liberté et le bien-être.*
Une compilation pratique des principales idées du « contentement personnel ». Nombreuses pistes, stratégies et exercices. Extraits sur **www.lemendiant.fr**

Table des matières

Imprimé en France
Dépôt légal février 2007

JOUVE, 1, rue du Docteur Sauvé, 53100 MAYENNE
N° 506562N